LÉON MAITRE

Le Lac de Grandlieu et ses Affluents

HISTOIRE, PÊCHE, NAVIGATION, DESSÉCHEMENT

◆ ◆ ◆

Première Livraison

NANTES
IMPRIMERIE A. DUGAS, 5, Quai Cassard

1912

Léon MAITRE

Le Lac de Grandlieu et ses Affluents

Histoire, Pêche, Navigation, Desséchement

◆ ◆ ◆

Première Livraison

NANTES
Imprimerie A. DUGAS, 5, Quai Cassard

1912

Le Lac de Grandlieu

Première Partie

ANTIQUITÉS, HISTOIRE,

EXERCICE DE LA PÊCHE ET DE LA POLICE.

PRÉAMBULE

La vallée du lac de Grandlieu, avec son immense bassin et ses affluents, présente presque autant d'intérêt que la vallée de la Loire ; elle est au centre d'un pays fertile, habité dès la plus haute antiquité par des populations adonnées à la pêche et à la chasse, et dont le commerce s'est développé surtout par la batellerie. Leur existence n'a été agitée que par la crainte des inondations qui revenaient périodiquement, par le souci de conserver le niveau d'eau nécessaire à la navigation et la préoccupation d'étendre les pâturages. Les ducs de Bretagne et les rois de France ont essayé de leur venir en aide, mais ils n'ont écarté ou atténué les fléaux que par des artifices de peu de durée.

Le défaut de police et d'organisation paralysait l'effet de toutes les mesures administratives qui furent prescrites par François Ier, Charles IX et Henri III. Il faut descendre jusqu'au XVIIIe siècle pour assister aux efforts sérieux des riverains qui, stimulés par l'exemple des religieux de l'abbaye de Buzay et par l'initiative de quelques particuliers, cherchent alors les améliorations dans l'association et le système des cotisations, car il n'y a pas à compter sur le moindre concours — de la part du Trésor royal.

En 1713, on trouve un remède dans la création d'un canal qui servira d'émissaire efficace contre les inondations, dans les curages réguliers du lit des rivières et dans la suppression de toutes les pêcheries. De peur d'épuiser les eaux du lac, on procède lentement à l'excavation des hauts-fonds et, d'un autre côté, on prend des précautions contre les marées de la Loire qui menacent d'inonder les prairies.

La tâche des dessécheurs devient alors très compliquée, car, avec des ressources limitées, ils sont obligés de faire face aux nécessités de la navigation qu'ils ont promis de maintenir, et aux exigences des habitants de Vue qui réclament l'amélioration d'un étier dont ils ont négligé le curage. Quand ils ont répondu aux plaintes des bateliers et des propriétaires, leur vigilance est appelée du côté du Lac où se débattent des projets de dessèchement qui les inquiètent pour l'avenir du pays.

A l'extrémité opposée, apparaissent en 1881, les travaux des ingénieurs dans la Basse-Loire et le canal maritime en face du canal de Buzay, avec leurs conséquences. Le Syndicat alors bien organisé entre les propriétaires riverains du Lac et du Tenu, depuis 1830, se met au poste d'observation et discute pied à pied avec les agents de l'Etat les conditions nouvelles qui lui sont imposées par les circonstances.

Voilà la série d'événements que je me suis efforcé de raconter en empruntant toujours mes renseignements aux sources les plus authentiques.

Le Lac vu de Passay (l'Hiver)

CHAPITRE PREMIER

Antiquités Celtiques, Gauloises et Romaines éparses autour du bassin de Grandlieu

I

Epoques Celtique et Gauloise

Il n'est pas de génération humaine qui n'ait laissé de traces de son passage autour du bassin de Grandlieu, tous les spécimens d'antiquités peuvent y être étudiés par les archéologues. Je ne ferai que les rappeler brièvement. Les menhirs sont représentés sur les bords de l'Ognon par les grosses pierres debout de Loth et de sa femme, deux personnages qui jouent un rôle dans la légende de la ville submergée dans le Lac ; la grande et large pierre dite de Saint-Martin, couchée sur le sol de Cheix, est un reste de dolmen, comme les tables éparses près du Port-Fessant, en la vallée du Tenu. Dans l'île de Dun, en Saint-Aignan, il existait une grosse pierre qui avait toutes les apparences d'un mégalithe honoré.

Il serait surprenant, après ces rencontres, que les pilotis de l'âge lacustre, c'est-à-dire de l'époque où les villages se construisaient au bord des lacs, ne se fussent pas montrés à Grandlieu. M. l'ingénieur Hocquart les a cherchés et les a trouvés à la Gohellerie, avec quelques accessoires (1). Vers 1840, à la suite d'un orage qui avait profondément remué les vases du Lac, les pêcheurs retirèrent une pirogue creusée dans un tronc d'arbre, pareille à celles des sauvages de l'Océanie.

Pendant la période du bronze, des ateliers de fondeurs ambulants sont venus avec leurs moules approvisionner les populations et ont laissé des débris qu'un paysan

(1) Les pilotis étaient taillés avec des instruments de pierre. Témoignage oral de M. Hocquart, ingénieur du lac.

déterra au Port-Saint-Père, en 1861. Parmi eux, on voyait des fragments d'épée à la lame très forte, un moule de haches entier, une demi-douzaine de gouges à 4 oreilles, enfin une douzaine de coins creux (1). Pendant les travaux du chemin de fer de Pornic, en 1874, une autre découverte mit au jour, près de la Chenau, une centaine de haches en bronze de la forme dite à talon. Des objets plus précieux avaient déjà éveillé l'attention, mais, dans ce cas, la provenance est toujours difficile à déterminer. On sait seulement que la fouille d'un dolmen, en 1851, donna un bandeau d'or de 190 gr., plus un second torques formé par un filet plat, terminé par deux disques et pesant 6 grammes avec deux haches de bronze (2).

Du côté de Saint-Philbert, M. Parenteau en tournée vit entre les mains d'une vieille femme une splendide épée de bronze et un bracelet de même métal tordu. Deux statères d'or gaulois, provenant de la même région, sont signalés par les numismates (3).

Depuis dix-huit cents ans, que de fois le hasard n'a-t-il pas multiplié des découvertes semblables entre les mains des cultivateurs sans que personne les ait enregistrées ? Si nous, tard venus, nous trouvons encore à glaner, c'est que la moisson était riche autrefois, évidemment.

A l'extrémité de la Chenau, au milieu des marais immenses formés par son estuaire, les Gaulois avaient choisi un mamelon facile à fortifier, dont ils avaient fait un refuge imprenable. Son existence nous a été révélée, vers 1876, par une circonstance toute fortuite qu'il faut raconter parce que c'est un événement unique dans les annales de la Loire-Inférieure.

M. Jaguelin, notaire à Vue, en transformant la belle

(1) Pitre de Lisle. *Dictionnaire Archéologique*, Nantes 1887, 1 vol. in-8°.

(2) *Bull. de la Soc. Archéol. de Nantes*, 1861, p. 469 ; — 1862, p. 167 ; — 1867, pp. 64 et 213 ; 1868, p. 25.

(3) *Revue numismatique*, 1850-1870.

propriété qu'il possédait dans le bourg et en défonçant profondément le terrain pour ses plantations, trouva la trace de douves régulières sur le revers desquelles existait un revêtement de pierres brutes. Le fait aurait sans doute passé inaperçu parce que le souvenir de Vue, châtellenie féodale, n'était pas effacé, mais il arriva que parmi les décombres de cette enceinte, on aperçut une grande quantité de clous fort longs et rongés par la rouille, pareils à ceux que les Gaulois avaient employés pour monter leurs fortifications.

Dans la maçonnerie, leur habitude était d'entremêler des poutres pour lui donner plus de résistance, et d'assembler ensuite ces pièces de bois avec de longs clous. Il parut évident que les Gaulois de Vue avaient employé le même système ; ce fut aussi l'opinion des archéologues nantais quand on apporta un fardeau de ces clous au Musée. Le mur de défense avait 9 mètres de largeur, il se composait d'un parement extérieur de 3 mètres en pierres sèches, d'un autre parement semblable à l'intérieur, pendant que l'intervalle était rempli de terre. Au moment de l'acquisition de M. Jaguelin, le terrain s'appelait la *Portelle*, peut-être en souvenir d'une poterne ouverte au sud.

L'entrée principale se trouvait sur le passage de la route actuelle du Pellerin, elle était défendue par deux tours que les vieillards ont connues sous le nom de *Masse*. Celle que j'ai mesurée a $3^{m}80$ de diamètre. Là, nous ne sommes plus dans le retranchement gaulois, mais dans les réfections du Moyen-Age exécutées pour défendre la châtellenie.

II

Epoque Romaine

Il ne paraît pas y avoir eu d'interruption dans la vie de cette vieille cité de Vue, tant il y a de cohésion dans le mélange de ses antiquités. Parmi les longs clous d'assemblage dont nous avons indiqué l'usage, un agent-voyer a trouvé, en 1866, non loin des tours d'entrée, de grandes jarres en terre rouge et noire qui sont d'une industrie supérieure et plus récente. Il n'y a rien d'étonnant que les conquérants romains aient occupé Vue qui est la clé de trois vallées, il est tout au moins certain qu'ils ont introduit par là leurs marchandises, leurs tuiles et leurs poteries. Comment expliquerait-on autrement ces gros dépôts de monnaies qu'on a trouvés à Malnoë et près du Butay pendant les travaux d'excavation ? M. Verger parle de 400 médailles de bronze aux effigies des empereurs Auguste, Néron, Agrippa, Germanicus, Domitien, Maxime, et d'une médaille gauloise (1).

Les découvertes du Butay auraient pu être très intéressantes si elles avaient été décrites minutieusement ; dans tous les cas, il est incontestable qu'elles ont été considérables, comme dans tous les endroits où il existait un gué. Reste seulement à expliquer quelle était la direction de ce passage inattendu. J'aime mieux croire aux conséquences de plusieurs naufrages sur un haut-fond inconnu des bateliers. Les monnaies pouvaient être dispersées dans tout le chantier de curage qui s'étendait sur 60 toises de longueur. Les témoins ne parlent pas. C'est un étranger, B. Fillon, qui vient dire,

(1) *Dictionnaire ms. des communes de la Loire-Inférieure*, Cheix. (Bibl. municipale).

en 1864, 25 ans après l'événement, que le dépôt de monnaies du Butay s'élevait à 15 ou 20.000 monnaies du règne de Tibère (1).

Ordinairement, les Romains ne traversaient les rivières qu'au moyen de radiers entre deux eaux, qu'ils fabriquaient avec de grosses charpentes entrecroisées. Ils n'ont pas agi autrement au passage du Port-Saint-Père, pour la suite de la voie romaine allant de Nantes à Machecoul. A Pilan, ils ont employé le même procédé, dit M. de Lautrec, propriétaire de Bricrd, que j'ai connu. La seule chaussée de terre et de pierres qu'on puisse leur attribuer est la chaussée Le Roy qui était indispensable, sur la rive gauche de la Loire, pour aller de Nantes à Saint-Brevin et traverser les immenses prairies marécageuses de l'estuaire du Tenu. Grâce à sa protection, le monastère de Buzay a pu se développer et commencer le dessèchement des marais formant sa dotation.

Cette chaussée antique, dans un titre de 1201, est désignée sous le nom de Chaussée du Roi, *ad calceiam Regis* (2), cela signifie tout simplement que le peuple la jugeait au-dessus des forces d'une entreprise ordinaire, qu'un prince seul pouvait exécuter. Personne ne dira jamais le nom du constructeur.

On peut affirmer tout aussi bien l'existence de la chaussée empierrée qui traversait le bourg de Saint-Philbert et montait vers Nantes. Elle est citée dans un diplôme de Louis Le Débonnaire de 819, à propos d'une coupure que voulaient pratiquer les religieux de Noirmoûtier (3). Les voies publiques étaient déjà sous l'autorité du Souverain.

Il n'est pas une commune autour du Lac qui ne puisse fournir quelque sujet d'études aux archéologues. Une fibule et deux bracelets en or, de fabrication gallo-

(1) *Congrès archéol. de France*, 1864, p. 59.
(2) *Donation de G. de Sion et autres* (Arch. dép. H 46).
(3) Arch. dép. de Saône-et-Loire, H 177, n° 1.

romaine, sont sortis de Saint-Aignan, en 1855, avec 150 deniers consulaires en argent.

Certains objets étaient fabriqués sur place, comme le prouve l'existence de divers ateliers fortifiés sur la rive de Saint-Mars-de-Coutais, au village de la Gohellière, par exemple un atelier de terres cuites, entouré de *cloudis*, fossés de défense, derrière lesquels les ouvriers déposaient leurs monnaies et leurs objets précieux. Les débris des fourneaux formaient deux buttes qu'on a traversées en faisant un chemin.

A la Pohérie, près d'un petit cours d'eau, les buttes étaient nombreuses, elles ont été éventrées et dans leurs déblais les cultivateurs ont rencontré « des vases communs et des pots fleuris », d'autres, des rebuts de poteries mêlés à des charbons et à des pierres brûlées. A côté du Petit-Verger, la butte de Malgogne avec ses fossés n'est pas autre chose qu'un atelier fortifié, mais ici les débris ne sont plus de l'argile. La butte renfermée dans une enceinte circulaire et double, était une forge ou une fonderie dont les scories ont été jetées dans les alentours.

Dans le bourg de Saint-Lumine-de-Coutais, l'établissement gallo-romain a toutes les apparences d'une station permanente, car il y a trace de cimetière et d'habitations dans le quartier du presbytère actuel. Il est vrai que c'était le plus bel emplacement pour construire, à une époque où on aimait les grands horizons. Du versant de Saint-Lumine, on domine tout le bassin du Lac. Sans rien chercher, on a déterré dans les vignes, dans le verger, dans le jardin de la cure et dans tous les alentours, des amphores, des poteries rouges et noires, des défenses de sanglier, des fibules, des cornes, des objets de métal, des morceaux de ciment, des briques et des tuiles comme on en trouve sur tous les emplacements des villas. Quant aux inhumations, elles étaient caractérisées par l'emploi de grandes briques à rebords pour former les parois du sarcophage. Certains squelettes

Château de la Sénaigerie

Les Menhirs du Pont-Saint-Martin
Vallée de l'Ognon

couchés dans un lit de ciment, avaient la tête au Midi et les pieds au Nord, défaut d'orientation qui empêche de les confondre avec les tombes chrétiennes (1).

Tous ces jalons posés par les Anciens sur la ceinture du Lac révèleront aux générations suivantes les meilleures situations à exploiter et contribueront à la création des bourgs modernes. Quand les apôtres du Christ viendront planter la croix dans le pays, Vue, en particulier, se réveillera à la voix de saint Filibert et servira de siège à un bourg où l'on frappera monnaie comme à Deas et à Saint-Mesme (2).

(1) *Annales de la Société Acad de Nantes*. 1864, p. 438. — *Bull. de la Soc. Archéol.*, 1869, pp. 82 et 83; — 1870, p. 74 et Arch. de la Société.

(2) On a trouvé dans la Basse-Loire des monnaies mérovingiennes portant *Vidua*.

CHAPITRE II

Antiquités Mérovingiennes et Carolingiennes Herbauge et Les Châtelliers

I

Les Villas

Un pays aussi bien percé de routes par les Romains, arrosé par de nombreux cours d'eau et approvisionné par un lac poissonneux ne pouvait pas demeurer désert. Dès que la civilisation antique eut disparu, de nouvelles générations prirent la place des anciennes et continuèrent les travaux agricoles commencés. Les Germains ne furent pas les derniers à réclamer une place. *Magnobode*, le pieux personnage qui donna la *villa de Deas* à l'église de Poitiers, était le fils d'un franc, comme l'indique son nom, il avait été charmé des avantages de la contrée et y avait établi sa résidence en travaillant peut-être à l'évangélisation du pays (1). Il vivait dans la première moitié du VIIe siècle. Son domaine, dans la donation de l'évêque de Poitiers, de 676, n'a pas d'autre nom que celui de *villa* (2).

Tels ont été les commencements d'une foule de localités importantes. Savenay, dans les vieux titres, ne s'appelle pas autrement que *Villa Saviniaca*.

Saint-Lumine-de-Coutais a aussi les apparences d'un bourg qui s'est substitué à une exploitation agricole antique ; ses beaux côteaux étaient heureusement préparés pour la culture et aptes à être transformés en un vignoble très fertile. C'est le cas de Saint-Aignan sur la rive nord, son site a séduit un planteur de vignes dont

(1) Il était diacre.

(2) « Alia villa quœ vocatur Deas posita super amnem Vedoniam. » *Cunauld, son prieuré et ses Archives*, par Léon MAITRE (Bibl. de l'Ecole des Chartes, 1898, pp. 233-261).

le renom s'est perpétué d'âge en âge jusqu'à nos jours. Je ne serais pas éloigné d'attribuer la même origine au Pont-Saint-Martin qui a su fixer l'attention du grand saint Martin de Vertou. Saint-Mars-de-Coutais, remonte moins haut dans le passé, son bourg est sur le passage fréquenté par les voyageurs qui se rendaient de Saint-Lumine au Port-Saint-Père. Il est visible que Passay et Saint-Mesme ont toujours été des centres de pêcheurs et de bateliers qui n'ont apporté aucune contribution à l'agriculture.

II

Herbauge est-il le nom d'une ville ou d'une contrée ? La légende de la submersion

Ce problème historique a préoccupé bon nombre d'auteurs qui ont absolument voulu trouver son emplacement, comme si son existence importait à la géographie de notre région ; ils ne se sont pas aperçus qu'ils étaient en face d'une fable inventée par certains hagiographes du Moyen-Age pour ajouter l'élément dramatique à leurs récits (1).

Le biographe de saint Martin de Vertou devrait être bien renseigné, puisque son héros passe pour l'apôtre du pays d'Herbauge et, cependant, son récit n'inspire pas confiance, il est trop ignorant de la géographie locale quand il nous dit qu'Herbauge est *contiguë à la ville de Nantes* (2).

(1) *Herbadilla et la légende* (Léon Maître, *Géographie hist.*, II, 83).
(2) Voir notre dissertation sur les *Vies de Saint-Martin de Vertou* (*Ibidem*, t. II, p. 151-182).

P. Lebaud, historien du xve siècle, s'empara du fait de la submersion d'Herbauge comme d'un événement authentique et le rédigea sur le modèle de la disparition des villes maudites de Sodôme et de Gomorrhe.

Dans un temps où les histoires merveilleuses avaient tant de crédit, il devait réussir, il pénétra jusque dans les bureaux des chancelleries. On le vit bien le jour où la propriété du lac tomba entre les mains du duc Jean IV pour l'acquit du droit de rachat. Les officiers ne voulaient plus s'en dessaisir sous prétexte que le Lac tenait la place d'une ville ancienne située en cet endroit et dont la disparition avait été une perte pour le domaine ducal (1).

Une fois lancée dans le public, la légende se répéta de bouche en bouche, jusqu'au xxe siècle, avec le concours d'Albert Le Grand, l'auteur de la *Vie des Saints de Bretagne*, tellement qu'il est impossible de la déraciner aujourd'hui. A la veille de faire des fouilles à Grandlieu, M. Parenteau, conservateur du Musée archéologique de Nantes, adressa des questionnaires de divers côtés et apprit de son collègue M. Chantre, de Lyon, que le lac Paladru, en Dauphiné, passe aussi pour recouvrir une ville engloutie. Cette nouvelle l'a singulièrement refroidi.

Il aurait reçu la même réponse pour le lac de Lourdes s'il avait écrit dans les Pyrénées. Une légende identique flotte autour d'un lac voisin de la ville de Toulouse, et dans notre pays nantais, sans aller plus loin, il ne serait pas difficile de citer des étangs sur lesquels des événements tragiques sont racontés. La légende de la ville enfouie dans la prairie de Bois-d'Inde, à Treffieuc, est un exemple à citer. Le grand lac Murin, formé par les marais de la Vilaine, près d'Avessac, fut aussi, dit-on, le théâtre d'une catastrophe. Si on pressait de questions les paysans, on leur ferait dire, comme à Grandlieu,

(1) *Charte de Jean V*, coll. de 1729, déposé chez Me Billon du Rousset, à Paris. Voir aussi *Aveu du 8 août 1387*, Arch. dép. B.

qu'ils entendent les cloches de la cité submergée, les jours de tempête. Depuis que l'humanité déchue est passée par les épreuves du déluge universel, elle voit partout les vestiges de la colère divine. C'est un cauchemar qui la poursuit et a donné naissance à un certain genre de littérature.

Pour ceux qui pensent qu'il n'y a pas de légende sans fondement, je ferai une concession. Il est fort possible que, dans le temps où saint Martin de Vertou évangélisait les populations du Bas-Poitou, de violentes tempêtes aient soulevé les flots du Lac et renversé quelques maisons dont les habitants auraient été noyés. C'est un fait admissible sur le bord d'un bassin où les vents d'Ouest ont une grande puissance. Ils ont incommodé certainement plus d'une fois les habitants de Passay, puisqu'ils ont perdu le privilège de posséder l'église paroissiale et l'ont laissé reconstruire au bourg de la Chevrolière. C'est autour de Passay que sont les traces les plus nombreuses de bouleversements.

Dugast-Matifeux, dont le sens critique était assez éveillé, pensait que la légende cachait un fond de vérité et proposait Saint-Philbert, comme l'emplacement possible d'Herbauge, oubliant que son nom authentique est *Deas*. Il n'y a pas trace de cataclysmes de ce côté.

Certains auteurs ont compliqué le problème en mêlant les destructions du VIe siècle dont parle Grégoire de Tours, avec celles des Normands datées du IXe, et avec les cyclones qui ont fait disparaître sous les dunes beaucoup de villages au temps d'Henri IV. Voilà les raisons pour lesquelles tant d'opinions divergentes se sont produites sans donner un corps un peu solide à cette histoire de ville maudite qui se serait appelée *Herbauge*.

Une seule chose est certaine, c'est que le nom n'a pas été inventé, il appartient à la géographie historique du Bas-Poitou, mais il représente autre chose qu'une ville. Remarquons d'abord qu'aucun des géographes de l'Antiquité n'a parlé d'*Herbadilla*, aucun auteur contemporain de cette prétendue cité maudite, ni Grégoire de Tours, ni Fortunat ne font allusion à cette catastrophe qui, pourtant, était appelée à un grand retentissement. Il faut arriver jusqu'aux *Vies de Saints* composées avec l'imagination, plusieurs siècles après les événements, pour en rencontrer la première mention, et, quand on serre les textes de près, on y aperçoit des anachronismes et des invraisemblances.

Au contraire, les auteurs qui nous citent la terre d'Herbauge, le comté et le pays d'Herbauge, nous offrent toute sécurité, ils sont tous d'accord pour appliquer le nom d'Herbauge à la partie du Bas-Poitou la plus voisine de la Mer, depuis les Sables-d'Olonne jusqu'à Saint-Brevin. Quand Lambert partage ses conquêtes, au IXe siècle, entre ses lieutenants, il donne les Mauges à Rainier, Tiffauge ou la Teiphalie à Giraud et le comté d'Herbauge à Rainaud, divisions acceptées par tous les géographes (1) et que nous recommandons comme les seules vraies notions scientifiques.

Dans la formation des légendes, il est parfois très difficile de distinguer la part de l'imagination populaire livrée à elle-même, des additions introduites par la fantaisie des littérateurs. Ici, nous savons ce qu'ont fait certains commentateurs, comme Albert Le Grand de Morlaix, il a répété en langue vulgaire ce que les autres avaient dit en latin, et, quand certains passages lui ont paru obscurs, il ne s'est pas gêné pour dépenser toutes les ressources de son esprit d'invention. La naissance fortuite d'Herbauge au milieu des joncs du lac de Grandlieu et sa colonisation par les exilés de Rezé et de Nantes, sont une fable créée par lui de toutes pièces. Qu'on ne vienne donc pas nous le présenter comme un écho fidèle de toutes les vieilles traditions. Ce n'est pas un historien, c'est un charmant conteur qui n'est

(1) Léon MAITRE. *Géographie historique et descriptive de la Loire-Inférieure*, t. II, préface.

pas toujours assez ingénu. Pourquoi citer des chroniques qui n'existent pas ? et sacrifier la vérité à l'amour des étymologies comme dans l'exemple suivant ? Qu'on rapproche le texte d'Albert Le Grand de celui du premier biographe de saint Martin, on mesurera mieux sa faculté d'invention :

« *La tradition porte, dit-il, qu'avant que Jules César eust conquis les Gaules, la ville de Nantes estoit bastie de part et d'autre de la rivière de Loire et estoit plus grande et peuplée du costé du Midy que du costé du Nord.* » (1).

Il raconte ensuite que les habitants de Nantes méridionale ayant encouru la colère de César pour avoir adhéré au parti des Venètes, furent contraints de s'exiler et assistèrent à la ruine de leur ville qui fut *rasée*, d'où le nom de *Rezé* (2).

Les habitants exilés allèrent « fonder dans les joncs, « pavots, et herbes aquatiques une nouvelle ville qui « prit le nom d'*Herbadilla*. Elle s'accrut tellement en « six cents ans qu'au temps de saint Martin : « *C'estoit* « *une des plus grandes, riches et florissantes de Bre-* « *tagne* ».

Voilà comment on apprenait l'Histoire à Nantes au temps de Louis XIII. Avec une érudition aussi légère, ce n'est pas ce professeur qui aurait pu démêler les erreurs semées dans les vies de Saints. Quand un biographe dit que saint Martin fut envoyé par saint Félix *in Herbadillam regionem*, il en fait une ville sans hésiter, et s'empresse de l'imiter en retraçant ses origines comme s'il avait trouvé un manuscrit inédit.

Bornons-nous aux enseignements de la géologie et à ceux de l'archéologie qui nous démontrent l'invraisemblance de la légende. L'effondrement de la ville

(1) *Vie de Saint Martin de Vertou* (Alb. de M., *Vies des Saints de Bretagne*, 3e éd., p. 645 et suiv.).

(2) Tout est faux dans ce récit fantaisiste. Rezé était une ville de Poitou absolument distincte de Nantes.

maudite aurait eu pour conséquence d'entraîner la formation d'un bassin de 85.000 hectares et de changer le cours de quatre rivières au VIe siècle. Il n'y a pas d'exemple d'un pareil cataclysme sur les continents depuis l'apparition de l'homme sur le globe. Celui-ci a pris possession de la contrée dès l'époque celtique, comme l'attestent les mégalithes qu'il a plantés sur les bords de l'Ognon et du Tenu, il a navigué avec les pirogues que l'on a retrouvées, il a même bâti quelques villages sur des pilotis, aux alentours de Passay, dans les eaux peu profondes, et quand les Romains sont venus, ils ont pu établir leurs chaussées dans des endroits tels que nos ingénieurs modernes n'en ont pas trouvé de meilleurs. Nous devons en conclure, tout au moins, que la superficie du Lac n'a pas changé depuis le commencement de l'ère chrétienne.

III

Les Châtelliers

A toutes les époques, les populations ont cherché la sécurité derrière des fossés et des retranchements, parfois elles ont eu le temps de construire d'épaisses murailles crénelées, par exemple autour des villes comme Nantes, parce qu'elles disposaient de matériaux abondants et d'ouvriers nombreux qui ont travaillé partout avec la méthode scientifique des ingénieurs. Il n'en est pas de même dans les campagnes où la direction manquait. Là, on se servait surtout de fossés profonds avec rejets de terre extérieurs formant remparts, on traçait un camp soit circulaire, soit rectiligne suivant la nature du terrain, et s'il existait dans la paroisse quelque vieille fortification, on l'accommodait aux circonstances.

C'est là ce qui s'est passé dans la Loire-Inférieure dans le cours du IXe siècle, sous la pression de la peur que répandait, sur les côtes de l'Armorique en particulier, la menace des invasions normandes. Aux villas succèdent les camps (1).

Les efforts dépensés alors ont été si généraux et combinés avec une telle uniformité que nos ancêtres leur ont appliqué une appellation qui ne permet pas de les confondre avec les travaux imaginés à d'autres époques. Il n'y a rien là de celtique ni de féodal. Ce sont des refuges paroissiaux capables de contenir un groupe important de population et auxquels on donne le nom de *chatellier*, du mot de basse latinité *castellarium* qui passa dans le langage courant, de même que les populations postérieures se serviront plus tard des termes de *château* et de *châtelet* pour désigner les défenses des seigneurs. J'insiste à dessein sur ces vestiges des travaux en terre pour démontrer, par divers arguments, que les habitants ne manquaient pas autour du Lac, du IVe au XIe siècle.

Les communautés religieuses elles-mêmes, qui ont contribué à la fondation de plus d'un bourg en France, ont imité les pratiques des groupes séculiers. Dès que les religieux de Noirmoûtier eurent décidé de transférer leur monastère à Déas sur la Boulogne, ils s'empressèrent de creuser une douve qui embrassait un périmètre de terrain équivalant à la surface de la ville actuelle de Saint-Philbert, douve qui subsiste toujours sur certains points, notamment près de la gare du chemin de fer (2). Avant de quitter leur premier établissement de Noirmoûtier, ils avaient appris l'art de la fortification en traçant un retranchement derrière lequel les habitants de l'île pouvaient se réfugier avec leurs provisions en cas d'alerte. Louis le Débonnaire, qui les autorisa

(1) Voir nos observations sur les *Châtelliers paroissiaux* (Revue de Bretagne et de Vendée, 1894, 1er sem. p. 442-446).

(2) Voir le plan que j'ai publié dans ma *Géographie historique et descriptive de la Loire-Inférieure*, t. II, p. 183.

à prendre cette précaution, prévoit la construction d'un véritable *castrum* dans lequel on montait la garde (1).

Nul doute que le groupe principal du bourg de Saint-Lumine ait été défendu de la même manière, car le nom de *châtellier* est resté à l'habitation du presbytère et à la petite chapelle comprise dans son enclos. A défaut d'escarpement, on avait eu recours sans doute à un grand terrassement faible au Sud, mais appuyé sur le bassin du Lac, au Nord.

Nous retrouvons la dénomination de *châtellier* à Saint-Léger sur une autre éminence, non loin de l'église paroissiale et là nous notons, comme ci-dessus, que le refuge est voisin de la grande route, comme pour ménager la facilité de fuir en cas de retraite.

A Saint-Aignan, deux localités se présentent avec l'aspect d'un retranchement; cependant il y en a une que je reporterais volontiers à une époque antérieure au IXe siècle à cause de son nom, c'est la presqu'île de *Dun*, appellation celtique qui peut être contemporaine des habitations lacustres. Il y a là une fortification naturelle entourée d'eau sur trois côtés qui peut être fort ancienne et qui aurait pu être utilisée au temps des Normands. Il suffisait de fermer l'entrée de la presqu'île par un fossé. Le retranchement élevé à l'intérieur a 30 mètres de largeur environ sur 300 mètres de long, il offrirait un abri sûr contre un ennemi opérant une descente au moyen de barques. L'autre chatellier est dans les terres.

Sur le territoire du Pont-Saint-Martin, rive gauche de l'Ognon, les vieillards ont connu, dans une situation à peu près semblable, sur une langue de terre nommée la *Pointe d'Erbonne*, une enceinte fortifiée de 150 mètres de diamètre auquel le peuple donnait le nom de *Camp de César*. Au cadastre, c'est le *Camp de la Nivar-*

(1) « Petierunt ut in circuitu monasterii castrum illis fieri permitteremus ut in eo tuti possint » (Léon MAÎTRE, *Cunault et ses archives*, ut supra).

dière. Au milieu, on remarquait un mamelon entouré d'une douve profonde. Sur la rive opposée de la Chevrolière il existait aussi une enceinte dite Le Chatellier qui a pris le nom moderne de Bois-Robin sur le domaine de Trejet. (B 1906, f° 379.)

Dans la commune de Saint-Mars-de-Coutais, on constate que le centre paroissial s'est confondu dès l'origine avec le siège du châtelain de la localité, tant ils étaient rapprochés l'un de l'autre avant le déplacement de l'église. N'est-ce pas l'indice qu'il y avait là plus de sécurité qu'ailleurs pour la population grâce à la présence d'un *chatellier?* Le logis actuel, qui est du xve siècle, domine les marais et le cours du Tenu.

En choisissant la région d'Herbauge comme champ d'action, saint Martin était sûr de trouver l'occasion d'exercer son zèle parmi des populations assez denses. Pendant que le pieux Magnobode vivait dans la villa de *Deas*, l'apôtre bâtissait un pont sur l'Ognon, à Pont-Saint-Martin, des églises à Port-Saint-Père, à Passay, deux autres à Rouans, sur la Chenau et à Cheix. Les religieux de Stavelot-Malmédy s'installaient à Saint-Mesme (*Porto-Vediri*), en 651.

Puis, dans le même bassin, les religieux de Micy, près d'Orléans, viendront à leur tour s'établir (826) sur le Tenu, apporteront le culte de saint Aignan d'Orléans pendant que les religieux de Noirmoutier choisiront le monastère de Deas sur la Boulogne pour y cacher le tombeau de leur patron, en 836. Dans cette accumulation de noms historiques, il y a des preuves de vitalité qui sont encore renforcées par les découvertes de monnaies. Les unes portent les légendes de *Vidua* (1), et de *Deas*, les autres celle de *Portus Vetraria*, sur le Tenu. Aucune région de la Loire-Inférieure n'a jeté autant de monnaies archaïques dans les vitrines de nos musées.

(1) Voici les légendes gravées sur les monnaies : *Deas vico. Alovіu Mo. Vidua vico fit. Francolenus. Porto Vidrari, porto Veteri, porto Vediri.* Maurice PROU. *Catal. des Monnaies mérovingiennes.*

Les noms eux-mêmes des saints honorés dans les paroisses, comme saint Léobin, à Saint-Lumine, et saint Médard, à Saint-Mars, appartiennent au calendrier antérieur à l'an Mil, de même que saint Filibert et sainte Anne qui sont honorés sur les autels de Vue depuis le VIIe siècle.

Le Chenal de sortie à Bouaye (l'Été)

CHAPITRE III

Antiquité des paroisses qui environnent le lac. Les Ports et les Bourgs célèbres

I

Bois ou Bouaye *(Boscum)*

Ce bourg s'est développé sur le bord de la grande route de Nantes à Paimbœuf, près d'une source vénérée et d'une chapelle dédiée à saint Hermeland, l'apôtre de l'île d'Aindre au VIIe siècle. Son territoire borde le bassin du lac et possède un port au village de l'Etier.

Le principal château est sur le domaine de la *Sénégerie,* qu'on devrait écrire *Cénagerie,* pour rappeler que le propriétaire avait le privilège de la pêche à la senne (1) et l'exerçait sur une belle grève en pente douce. Le domaine appelé aujourd'hui Herbauges est un baptême dû à M. E. Simon et un démembrement de la Sénégerie qui date du XIXe siècle. Le Bois de la Noë et la Ville en Bois sont de vieilles terres. Bouaye est inscrit sur le rôle de desséchement pour 52 journaux 75 cordes.

II

Brains

Cette commune est intéressée au desséchement pour une superficie de 279 journaux de marais situés le long de la Chenau, autour du Grand et du Petit-Pesle qui sont les principaux domaines de ce territoire. Le bourg

(1) Le garde-pêche, dans les vieux titres du XIIe siècle, est toujours appelé *Cenagiator* sur la Loire (Dom Morice, *Preuves*, t. I, 529), *David cenagiator exclusarum comitis.*

qui est éloigné de la rivière, a été fondé au milieu d'une forêt, comme l'attestent les noms de *Guerche* et de *Bauche* qui l'environnent. La forêt de Brains est citée dans les vieux titres, c'est la même que la Boulassière.

La liste des châteaux comprend le Plessis, le Pesle, la Cour de Jasson, Lorière, la Sauvagerie, la Pilaudière et la Guerche.

III

Cheix

Son patron, saint Martin de Vertou, l'a classée dans les paroisses évangélisées au VIIe siècle. Le bourg est situé sur la rive droite de la Chenau, près d'un élargissement de la vallée, son principal château était à la Malnoë qu'on associe toujours à celui de Jasson qui est un peu plus haut, parce qu'ils furent longtemps dans les mêmes mains (1). Le village le plus connu est celui de Pilon, autrefois *Pilan*, à cause du barrage et de la chaussée qui permettaient de passer la Chenau en cet endroit depuis l'époque romaine.

On a beaucoup parlé aussi des moulins et des pêcheries de Pilon qui appartenaient aux ducs de Bretagne dès le XIIIe siècle, et qu'il fallut sacrifier pour l'écoulement des eaux. Cheix est intéressée au dessèchement pour 304 journaux 56 cordes.

(1) Les Binet de Jasson et de la Blottière ont occupé de hautes situations.

IV

La Chevrolière

Le centre paroissial était dans le principe à Passay, ce grand village dont les maisons pressées les unes contre les autres se reflètent dans la paisible nappe du lac et dont les habitants passent une partie de leur vie dans un bateau.

Là se trouvaient le principal marché, la résidence du curé et l'église dédiée à Saint-Martin.

Si cette dernière existait encore, peut-être contiendrait-elle dans sa maçonnerie les marques d'antiquité qu'on a aperçues ailleurs, par exemple à Saint-Lumine-de-Coutais. Elle devait s'élever non loin de l'endroit nommé le *Charnier*, sur la bordure d'immenses terrains sablonneux où l'on a déterré des ossements humains. Malheureusement, cette rive est très exposée aux coups de vent de l'Ouest et aux ouragans; elle a dû être très éprouvée au VIe siècle et dans les temps plus récents. (1)

Au XIIIe siècle, c'est le nom de *Paçay* qui figure sur les rôles de l'Evêché, mais après le XVe siècle, on lui substitue le nom de la Chevrolière, autre village plus central, mieux placé pour servir de chef-lieu. Passay, néanmoins est toujours le gros bourg d'autrefois, il vit encore des produits du Lac.

« Il est habité par une population double et distincte, dont la physionomie se détache avec un relief curieux au milieu du pays essentiellement agricole qui l'entoure. A côté d'une race amphibie qui fait de la pêche son occupation constante et sa principale ressource, on voit s'élever, depuis quelques années (2), une classe

(1) *Charte de l'évêque Durand de 1283* (Cartul. de Redon, préface).
(2) L'auteur parle en 1876.

commerçante et active à laquelle Passay doit une prospérité qui augmente chaque jour, et dont le négoce commence à prendre des proportions considérables ».

« Pendant que les pêcheurs, après avoir sillonné, pendant toute la nuit, les eaux du lac dans leurs grands bateaux plats, qu'ils nomment barges, pour aller jeter la senne le long des côtes, passent le jour à dormir ou à se reposer à l'abri de leurs filets suspendus en festons, leurs habiles voisins viennent recueillir le prix de leur rude travail nocturne. Levés au moment où les autres se couchent, ils courent les marchés et les foires des environs, ajoutant aux poissons frais qu'ils achètent à bon marché et revendent au loin très cher, les menues denrées du pays, et surtout la volaille de Chalans, de Saint-Philbert et Machecoul, ce qui leur a fait donner le nom expressif de *poulaillers*. Si la vie au jour le jour, l'existence alternativement dure et oisive, augmente chez les pêcheurs la rudesse du type primitif, il commence au contraire à se dégrossir chez les commerçants (1). Leur intelligence s'aiguise dans leurs rapports avec les bourgs et dans le cours de ces opérations qui font de Passay un marché de plus en plus important ».

On compte environ 90 pêcheurs. Leurs engins sont les bosselles ou nasses, les sennes, les tramails, les louves et les lignes de fond.

Le lac de Grandlieu est un réservoir inépuisable de poissons de différentes sortes. Les anguilles abondent en ses eaux calmes en communication régulière avec la Mer, elles s'expédient en gros colis jusque sur le marché de Paris. Les tanches, les gardons, les brêmes, les perches, les carpes, les brochets se consomment plutôt dans le pays et surtout à Nantes, à partir des mois d'août et de septembre.

(1) Jules d'Herbauges. *Les Pêcheurs de Grandlieu* (Revue de Bret. et de Vendée, 1876, I, 388-89).

V

Le bourg de Pont-Saint-Martin

Le bourg de Pont-Saint-Martin porte dans son nom l'empreinte de son origine, il occupe un passage fréquenté, sur les rives de l'Ognon, non loin de son embouchure dans le Lac. Saint Martin de Vertou, l'apôtre du pays, remarqua le gué et y construisit un pont. Jeter un pont sur un fleuve pour les voyageurs était une œuvre pie au Moyen-Age. On sait que les confréries de *frères pontifes* n'avaient pas d'autre but que de travailler à ce grand service public. Notre apôtre suivait les habitudes de son époque en travaillant à l'amélioration de la voirie, il avait lui-même besoin de bonnes routes pour se rendre vers les centres populeux qu'il ambitionnait de convertir au Christianisme.

Les habitants du bourg se livrent au plaisir de la pêche dans l'Ognon, rivière très poissonneuse, qui a presque tous les avantages du Lac.

Pont-Saint-Martin a 180 journaux de marais.

VI

Port-Saint-Père (Le)

Le bourg est assis sur une légère éminence qui domine le cours du Tenu, non loin de sa réunion avec les eaux du Lac de Grandlieu. Il est traversé par le grand chemin de Nantes à Machecoul, vieille route très fréquentée, pour laquelle on avait établi un *pont radier* dans la

Chenau qui lui a valu l'appellation de *Port*, comme dans les vallées des Pyrénées. Le nom de Saint-Pierre paraît s'appliquer, comme à Vertou, à l'une des deux églises fondées au VIIe siècle par saint Martin de Vertou. Le prieuré de Saint-Martin était sur l'emplacement de la Mairie.

La fertilité du sol et les agréments de ce pays sont attestés par la présence de nombreux châteaux heureusement situés, et nommés Briord, la Tour, Grandville, Beaumanoir, Beaulieu, la Bonhommerie, le Pré-Nouveau, la Rivière.

La commune est intéressée au desséchement pour une superficie de 778 journaux. Le pont actuel, construit en 1838, a remplacé une chaussée de pierres submersible.

VII

Rouans

Son nom primitif *Rotohenge* paraît emprunté à la langue celtique comme Redon (*Rotonum*) et Rouen (*Rotomagus*).

En fait d'antiquités, je ne puis citer, cependant, qu'un menhir renversé près de Launay. Son territoire s'étend jusqu'à la Loire et comprend, au nord, le domaine marécageux qui fut donné au XIIe siècle, aux Bernardins pour y installer l'abbaye de l'*Île de Buzay*, appellation qui signifie alluvion, comme *Buzat* et *Buzon* (1).

La commune est intéressée au desséchement pour une superficie de 887 journaux de marais.

On y arrive de Nantes par la chaussée Leroy et par

(1) *Insula Buzeii* (Arch. dép. H 19).

La Boulogne, à Saint-Philbert

L'Achenau, à Port-Saint-Père

la chaussée de Messant qui sont en même temps des digues contre les inondations. Du versant sur lequel s'étagent les maisons du bourg, on a une vue étendue sur le cours de la Chenau et sur la naissance du canal de Buzay.

Simon de Messant était, au XIIe siècle, un propriétaire important de Rouans. Les bateaux s'arrêtent dans les ports de la Castière, de Messan, du Pavillon, de la Gravelle, de la Bienassiserie, de Buzay et de Buzon.

VIII

Le bourg de Saint-Aignan

Il est à proximité du Lac, comme les précédents, sur une pente douce qui regarde le Midi, au milieu de terrains bien préparés pour faire un bon vignoble.

Une situation aussi avantageuse n'a pas pu échapper aux Anciens, nous en avons pour garants les antiquités de la presqu'île de Dun et la source bienfaisante à laquelle puisent les malades atteints de la teigne. Le patron de son église est saint Aignan, évêque d'Orléans, qui a joui d'une grande célébrité au Ve siècle. Son culte a dû être importé sur les rives du Lac par les religieux de Saint-Mesmin de Micy que nous avons vus établis à Saint-Mesme par Louis-le-Débonnaire. Nous aurions donc là une paroisse fondée ou rétablie au IXe siècle au plus tard, comme Saint-Mars-de-Coutais.

Elle est intéressée au desséchement pour 21 journaux de marais.

IX

Saint-Léger

Le chenal ou émissaire du Lac enserre ce territoire sur deux côtés et le sépare de la commune de Port-Saint-Père, non loin de sa réunion avec le Tenu.

La surface de ses marais compte pour une étendue de 133 journaux. Le bourg est situé sur le tracé de la grande route de Nantes à Machecoul, il s'est formé autour d'une chapelle dédiée à saint Léger, qui peut remonter au VIIe siècle, comme le bourg de saint Hermeland de Bouaye.

X

Le bourg de Saint-Lumine-de-Coutais

(Sanctus Leobinus)

Si nous avions un itinéraire exact des missions entreprises par les contemporains de saint Martin de Vertou et par tous les apôtres mérovingiens du Bas-Poitou, nous serions bien près de connaître la géographie du pays d'Herbauge, car il n'est pas douteux qu'ils ont attaqué de front tous les centres païens. Partout où leurs disciples ont planté la croix avec l'invocation de l'apôtre régional, on peut être sûr qu'il existait un centre païen avec un nom latin ou celtique comme Prigny, Rotohenge, Chialvahé. Malheureusement, la vie de saint Léobin n'a pas été écrite par un contemporain, elle ne nous renseigne pas sur les localités qu'il a visitées. Tout ce que nous pouvons dire, c'est que le

Christianisme s'y développa rapidement avant le IXe siècle, comme dans les localités voisines, et qu'il laissa des traces de son influence dans une quantité de tombes en calcaire et en briques autour de l'église.

En se reconnaissant les sujets des religieux de Saint-Philbert, les desservants de l'église paroissiale de Saint-Lumine avouaient que leur chrétienté était redevable d'importants services à leurs voisins. A leur tour, les religieux de l'abbaye de Villeneuve, au Bignon, en acceptant la fondation d'un second prieuré à Saint-Symphorien, achevèrent d'imprimer à cette paroisse le cachet d'un fief ecclésiastique. Cependant la vie municipale n'en fut pas atteinte, elle se manifesta lorsqu'il s'agit de prendre possession du marais qui se desséchait sous les pentes du coteau. Chaque année les marguilliers organisaient une mascarade connue dans le pays sous le nom de *jeu du Cheval-Malet* (1). Jusqu'à la Révolution, les habitants de Saint-Lumine ne cessèrent de s'acquitter de ce devoir féodal qui était pour eux la manifestation publique de leurs droits sur une partie des alluvions du lac de Grandlieu.

Leurs relations avec le lac et ses affluents se traduisaient par des échanges négociés au lieu dit le *Grand-Port*, au bas du coteau (2).

XI

Saint-Mars-de-Coutais

Les religieux de l'abbaye de Stavelot-Malmédy ayant été pourvus de bons revenus à la tête de la vallée

(1) Léon DELATTRE. *Le Cheval Mallet* (Bull. de la Soc. Archéol. de Nantes, 1910). Voir Arch. dép. B 1906.

(2) *Aveux de l'Abbaye de Villeneuve* (Arch. dép. B 842-844).

du Tenu, au VIIe siècle, dans la riche contrée des marais salants de Machecoul, il est difficile de croire qu'ils n'ont pas fait un peu d'apostolat autour d'eux. Quand je rencontre le culte de saint Amand, évêque de Maëstricht, à Saint-Mars-de-Coutais, par exemple, il m'est bien permis de supposer qu'ils n'y sont pas étrangers. Il n'est pas nécessaire qu'il soit né dans le pays ou qu'il y ait opéré des miracles par ses missions ; il suffit que ses disciples aient importé une parcelle de ses reliques et vanté ses vertus. Un de ses biographes prétend qu'il était du pays d'Herbauge, ajoutant que son père se nommait *Serène* et sa mère *Amanda* (1).

M. le curé de la paroisse que j'ai consulté, assure que le nom de Sereine est donné, encore aujourd'hui assez fréquemment, aux enfants, le jour du baptême. Il a remarqué aussi que, pendant les Rogations, le peuple tient beaucoup à invoquer saint Amand. Assurément, il y a là des traces évidentes de la survivance d'une vieille dévotion qui sont à noter. Saint Amand, né en 588, est un contemporain de saint Martin de Vertou, il a pu contribuer à la propagation de la Foi dans le bassin de Grandlieu (2).

Dans tous les cas, il a été supplanté par un autre saint personnage venu de la Gaule-Belgique, par saint Médard, de Soissons, car le nom de Saint-Mars n'est pas autre chose que la contraction de Saint-Médard. Cette importation étrangère, que j'attribue à Charlemagne ou à ses fils, s'est opérée dans les mêmes conditions sur quatre points différents du diocèse, dans le courant du Xe siècle, au plus tard, à Doulon, à Saint-Mars-la-Jaille, à Saint-Mars-du-Désert et à Saint-Mars-de-Coutais (3). Je veux dire que la première église, dans ces diverses paroisses consacrées à saint Médard,

(1) DUCHESNE. *Scriptores historie francorum*, I, 657).

(2) BOLLAND. *Acta sanctorum*, febr. mensis, I, p. 815-859.

(3) Léon MAITRE. *Le culte de saint Médard dans le diocèse de Nantes* (Annales de Bretagne, 1900, t. XV, p. 292).

nous apparaît accolée à un château, comme si elle devait sa naissance à une initiative privée. L'évêque Benoit en parle clairement dans son projet d'établissement des chanoines réguliers dans son diocèse, à Doulon ; il leur transmet les autres églises qui sont sous la même invocation de saint Médard, à raison de la vénération que lui inspirent les chanoines de Soissons (1).

Nous n'avons pas de certitude absolue sur les points d'histoire que nous touchons, mais les probabilités les plus sérieuses sont de notre côté, depuis que nous avons pu assister à la démolition du pauvre édifice qui servait d'église contre le château actuel de Saint-Mars. L'ensemble se composait de plusieurs additions faites autour d'un embryon qui avait la forme d'un *rectangle* comme à Doulon. Le chœur et les chapelles latérales furent imaginés après coup pour augmenter la capacité. Le principal intérêt de la démolition fut dans les fouilles du sol. Elles mirent au jour plusieurs sarcophages de calcaire coquillier, plus étroits aux pieds qu'à la tête, qui ressemblaient absolument aux auges employées pour les inhumations mérovingiennes. (2) A la vue des morceaux dispersés dans le sol et dans la maçonnerie des murs, il semblait évident que la chrétienté de Saint-Mars avait pris naissance avant l'an Mille. En pareil cas, les couvercles des tombeaux sont recherchés pour les ornements ; cette fois, ils ont tous disparu. En sondant le petit espace qui séparait l'église du château, j'ai seulement découvert quelques tombes d'enfants façonnées avec des briques d'apparence antique qui annoncent encore une pratique très ancienne.

Cette commune possède de vastes marais au bord du Lac et du Tenu. Elle est intéressée au desséchement

(1) « Ecclesias quoque que sub ditione nostra in honore beati Medardi fundate sunt..... eis dare decrevimus. » Dom Morice, *Hist. de Bret.*, pr. 1, col. 345 et 509.

(2) La taille extérieure des auges simulait des arêtes de poisson ou feuilles de fougère. Pas de croix à la tête, ni d'échancrure dans l'intérieur.

pour 423 journaux. Son territoire a la forme d'une longue bande resserrée entre le Tenu et le Lac.

XII

Le bourg de Saint-Mesme ou Saint-Mesmin

Le bourg de Saint-Mesme se trouve, en remontant le Tenu, juste au point où cette rivière commence à porter bateau, il ne pouvait être mieux placé pour profiter du mouvement commercial qu'entraînent toujours avec eux les transports par eau. Bien que la localité soit très modeste, elle a une histoire et des parchemins que lui envierait plus d'une Sous-Préfecture, par le seul fait de l'existence de son port situé à proximité d'une quantité de communes qui n'avaient pas de meilleur débouché pour leurs provisions et leurs exportations.

« Les habitants de Machecoul, de Bourgneuf et des « paroisses voisines des Marches de Poitou et de Bre- « tagne, sous le duché de Retz, débitent leurs fruits et « denrées par ladite rivière du Tenu pour conduire à « Nantes et ailleurs » (1). Paulx, Bois-de-Cené, la Garnache et diverses autres, faisaient venir de Nantes des tuffeaux, de la chaux, de l'ardoise, du vin, des planches, du fer, de la résine, et y envoyaient du blé.

Les expéditeurs par cette voie d'eau trouvaient entre autres avantages celui de ne pas payer les droits d'entrée établis à l'embouchure de la Loire ; celui d'éviter les frais de délivrance des congés imposés aux bateaux sillonnant la mer ; enfin, ils n'étaient pas exposés, en temps de guerre, aux rencontres des pirates.

(1) *Procès-verbal d'enquête de 1712*, p. 26. (Archives du Syndicat de Buzay).

Il est donc évident que les rapports de Saint-Mesme et de Nantes étaient autrefois très étroits et que le grand moyen de communication de ces deux centres était la rivière du Tenu.

Etant donné le mouvement d'affaires qui résultait de ce rapprochement, j'oserai dire que le nom officiel du bourg inscrit dans les actes devait être le *port Saint-Mesme*, qu'un caprice seul de l'usage a pu supprimer l'appellation de *port* qu'il méritait avec beaucoup plus de raison que le Port-Saint-Père. Celui-ci n'avait guère à expédier que des vins et du blé, comme le Port-Fessant sur Sainte-Pazanne, tandis que celui de Saint-Mesme était assuré d'un fret abondant par la proximité des ateliers salicoles de Machecoul, de Fresnay, de Bourgneuf et de Bouin.

La duchesse de Raiz fait valoir elle-même cette considération, en 1712, quand elle dit : « Les sels destinés pour le Parti, pour distribuer dans le centre du Royaume, ont été conduits des marais salants qui sont au terroir dudit duché de Retz et autres voisins, au même port de Saint-Mesme et mis dans des bateaux et voiturés à Nantes, dans des Salorges ou déchargés dans des bateaux, pour les monter le long de la Loire à leur destination. »

On sait que le sel a toujours été un objet de trafic des plus recherchés et dont l'usage n'a jamais chômé. Il faudrait remonter à l'époque romaine, si l'on voulait fixer l'origine de cette industrie sur les côtes voisines de l'embouchure de la Loire, elle seule a pu attirer les étrangers dans la vallée du Tenu et grossir les revenus du fisc royal en Aquitaine.

Les religieux de Stavelot-Malmédy (Ardennes), n'avaient jamais entendu parler du Tenu, sans doute, le jour où le roi Sigebert III leur délivra, en l'année 651, un diplôme qui les mettait en possession d'un droit de *tonlieu* dans le port de Saint-Mesme, alors nommé *Portus Vetraria* ; ils apprirent bien vite que la donation était un revenu important puisqu'elle comprenait un personnel d'agents, de magistrats, de gardiens que le Roi faisait passer sous la dépendance des religieux. (1)

Notons d'abord que le *tonlieu* dont il est question n'est pas un petit péage à lever sur un pont ou sur un bac de passage, comme aurait pu être le *tonlieu* du passage du Port-Saint-Père, à l'occasion du roulage ; c'est bien un *droit de navigation* à percevoir sur des bateaux qui remontent et descendent le courant de la rivière. Le rédacteur parle d'enlèvement par bateaux *navalis evectio*, de taxes d'échange (*negotiantium commercia*), de droits d'abordage (*quolibet ripatico*), expressions qui ne seraient pas employées dans tout autre cas. C'est en vain que certains interprètes ont essayé d'appliquer ces textes au *Port-Saint-Père*, car, en y regardant de près, on voit que les agents étaient obligés d'assister au chargement des marchandises dans le port d'embarquement pour se rendre compte des quantités et de leur valeur.

Les religieux des Ardennes conservèrent longtemps leur établissement de *Portus Vetraria*, car, au xe siècle, l'auteur de la vie de saint Remacle nous rapporte que le Roi lui confirma la jouissance de certains domaines en Aquitaine et, en particulier, ce qu'il avait au *portus Vetraria* sur le Tenu (2).

D'autres religieux attirés par l'abondance qui régnait dans le pays de Saint-Mesme firent des démarches à la Cour et obtinrent du souverain une certaine étendue de terres, ce sont les religieux de l'abbaye de *Saint-Mesmin de Micy*, près d'Orléans. Charlemagne les combla de joie en leur concédant le domaine dont ils ont fait la belle propriété du *Prieuré de Saint-Mesme*, un peu au-dessus du port. Louis-le-Pieux en rappelant la concession, dit formellement que les biens sont situés

(1) « Telonium igitur quod ad portum Vetraria super fluvils Taunuco Ittaque. » Léon MAITRE, *Questions de géographie mérov.* (Bibl. de l'Ecole des Chartes, 1899).

(2) Bollandistes. *Acta Sanct.*, septembris, t. I, 684.

Le Port de Saint-Mesme, sur le Tenu

Château de Saint-Mars, sur le Tenu

autour du *Portus Vetraria*, dans la vallée du Tenu et dans le pays d'Herbauge, en Poitou (1).

Ce n'était pas un domaine nu ou une lande à défricher qu'on leur offrait, mais bien une villa du fisc royal, qui avait passé par les mains d'un favori du roi Pépin, nommé Garotholène, et dans laquelle il avait mis en valeur des salines, des vignes, des terres, des prés, des pâturages et des bois, avantages qui existent encore dans Saint-Mesme et aux alentours.

En retour de ces bienfaits, le premier soin des religieux fut de payer leur dette de reconnaissance en fondant une église et un petit monastère pour assurer le service religieux. Voilà comment je comprends le premier établissement de la paroisse, cependant, il serait possible qu'un prêtre fût passé avant eux pour tenter quelque fondation. C'est une opinion vers laquelle on incline, en regardant certaines sépultures conservées sous la terre des jardins du haut bourg. Elles se composent de grandes auges de calcaire coquillier, d'une apparence très archaïque qui seraient peut-être reconnues pour mérovingiennes, si on avait le loisir de les étudier et la possibilité de les retirer au jour. Les fouilles de la maison des Sœurs ont mis à nu des sépultures du même genre.

Quand un pays a été livré aux négociants, il est rare que le sol ne recèle pas quelques monnaies anciennes, malheureusement, les inventeurs vont les porter à la ville où elles restent perdues jusqu'au jour où un numismate reconnaît leur provenance. M. Prou nous apprend qu'on a recueilli, dans une contrée voisine de la Basse-Loire, des monnaies portant les légendes *Porto Vidrari, porto Veteri* et *porto Vediri*, qui seraient des variantes de *Portus Vetraria* (2). Sous les mérovingiens, il est avéré qu'on frappait monnaie dans des

(1) « In Pictavinsi territorio, in portu Vitrariæ, in pago Herbadelico, super fluvium Taunacum. » (*Diplôme de 828*, Dom Bouquet, *Hist. des Gaules*, VI, 556.)

(2) *Catalogue des Monnaies mérovingiennes.*

abbayes et des localités sans importance. Classer le bourg de Saint-Mesme parmi les ateliers monétaires de la Gaule pourrait être un fait acceptable.

La multiplicité des chemins est aussi un signe d'antiquité pour une localité, elle s'affirme encore ici par des empierrements insolites vers Saint-Lumine, par la présence d'une Templerie, vers la côte, par des communications directes avec la Marne, Touvois, Machecoul et Sainte-Croix.

A quel moment le nom de *Portus Vetraria* a-t-il disparu pour faire place à l'invocation chère aux moines de Micy ? Nous ne saurions le dire. Les changements de ce genre se font toujours avec lenteur. On a commencé par se servir du nom de *Maximin*, qui était le patron officiel de l'église, dès le IXe siècle, puis on a dit *Mesmin* par contraction, et enfin *Mesme* qui est une altération grave parce qu'elle tend à faire croire que *saint Maxime* fut honoré dans la vallée du Tenu.

Ce qui a persisté, c'est le courant commercial créé par les habitudes des Anciens, la quantité des objets à exporter et le besoin d'échanges qui se manifestait dans la région voisine.

Voici ce qu'en pensait un ingénieur au début du XIXe siècle :

« Le chemin de Machecoul à Saint-Mesme est presque impraticable pendant toute la saison la plus favorable à la vente des denrées et à la navigation du Tenu. A peine pendant trois mois de l'année peut on y passer aisément. Les difficultés que l'on surmonte pour faire les transports, les accidents auxquels les marchandises, les chevaux et les conducteurs sont exposés et le grand mouvement qui se fait remarquer au milieu de ces obstacles et de ces dangers, sont des preuves incontestables du besoin de commerce qu'on éprouve dans cette contrée » (1).

(1) *Rapport de M. Plantier, mars 1819* (Arch. dép. $\frac{S}{2}$ 347).

La ville de Machecoul est séparée du Tenu et du port de Saint-Mesme par une distance de cinq kilomètres. Cet inconvénient qui n'avait pas arrêté l'élan des Anciens, parut intolérable à la génération de la fin du XVIIIe siècle et excita son esprit d'initiative. C'était le moment où les travaux publics se développaient de tous côtés. Il parut tout naturel de creuser un canal qui permît aux négociants de Machecoul d'embarquer leurs marchandises chez eux et d'user de la voie du Tenu sans se rendre à Saint-Mesme. (1)

Le projet fut défendu par le dernier seigneur de Raiz, M. de Brie-Serrant, mais les négociations furent interrompues par les événements de la Révolution et par les guerres de l'Empire.

Dès que la paix fut rétablie, la Mairie de Machecoul porta ses doléances à la Préfecture et demanda que le projet de canal fût remis à l'étude. L'ingénieur Plantier ne voyant pas de difficultés, rédigea un devis de 109.000 francs dont l'exécution paraissait très simple (2). L'adjudication qu'on tenta en 1825 fut sans résultat.

Un autre cahier des charges, dressé en 1840, soumis à l'enquête en 1841, ne fut pas mieux accueilli par l'opinion publique, bien que le Maire de Machecoul lui-même se mît en quête d'un entrepreneur. On soulevait beaucoup d'objections parceque les combinaisons financières reposaient toujours sur le produit d'un tarif de péage impopulaire.

Malgré leur insuccès, les promoteurs de l'entreprise vantaient les avantages d'un canal à grande section et proposaient une dépense de 200.000 francs comme un moyen de triompher de toutes les résistances.

On croyait l'affaire enterrée, lorsqu'en 1865 le maire

(1) Le Comité de Mendicité de l'Assemblée nationale provoquait la création des chantiers utiles (Arch. dép. $\frac{S}{2}$, *Projets de canaux*).

(2) « Il serait facile et peu dispendieux d'ouvrir un canal de Machecoul à Saint-Mesme et de joindre la rivière de Falleron à celle du Tenu. Ce canal a été commencé anciennement, il ne s'agit que d'augmenter ses dimensions. » (*Ibidem*).

François se mit en tête de constituer une Compagnie de capitalistes indigènes qui, croyait-il, seraient plus aptes que les étrangers à doter le pays d'un élément certain de prospérité. Un décret de mai 1865 lui accorda la concession du canal de Saint-Mesme à Machecoul en lui promettant une subvention de 35.000 francs, les communes devaient apporter un contingent de 60.000 francs, enfin on allait commencer les expropriations des terrains lorsque M. François donna sa démission, effrayé sans doute par les mauvaises volontés qui l'entouraient.

XIII

Sainte-Pazanne

Cette commune est, comme Saint-Mesme, uniquement bordée par le cours du Tenu dont elle emprunte les eaux au Port-Fessant pour ses transports. Ses marais couvrent une superficie de 173 journaux 65 cordes.

Elle n'est pas moins ancienne que ses voisines comme l'atteste l'invocation de *sainte Pexine*, sa patronne, dont le culte était pratiqué en Poitou à l'époque mérovingienne, dans le canton de Mareuil. Le bourg est sur le passage de la grande route de Nantes à Machecoul.

XIV

Le bourg de Deas ou Saint-Philbert-de-Grandlieu

On n'a pas recueilli dans le bourg de Saint-Philbert de ruines ou de débris mobiliers qui puissent nous autoriser à croire que les Romains y avaient fondé un établissement permanent. Son plus ancien nom lui-même, *Deas* qui a une apparence latine, pourrait être une altération de la forme *Dias* qu'on trouve dans le Morbihan accolée, comme ici, à un pont, et alors nous serions en présence d'une appellation celtique faite pour désigner un gué ou un endroit marécageux.

La première fois qu'elle apparaît dans notre histoire locale, c'est avec un parchemin du chartrier des religieux de Noirmoûtier (1), quand l'évêque Ansoald, de Poitiers, appela son ami Filibert de Jumièges pour le retenir dans l'Ouest, en l'année 676. Les domaines qu'il lui concéda pour faire vivre son abbaye sont des villas telles qu'elles étaient constituées sous les Mérovingiens avec des dépendances de toutes sortes. Il en est une dans l'énumération qui se nomme *Deas* ; c'est bien la nôtre, puisque le texte la place sur la Boulogne (*Vedonia*). (2)

Le jour où les religieux sans cesse inquiétés par les barques des Normands qui s'approchaient de leur île, décidèrent de changer de résidence, ils jetèrent les yeux sur leur villa de *Deas* avec laquelle ils communiquaient facilement au moyen d'une voie romaine, et posèrent les bases d'un second monastère, vers l'an-

(1) Léon MAITRE. *Cunauld, son prieuré et ses archives* (Bibl. de l'Ecole des Chartes, t. LIX, 1898, pp. 233-261).

(2) « Alia villa que vocatur Deas, posita super amnem Vedoniam *Ibidem*).

née 815, là où s'élève la vieille église de Saint-Philbert (1).

Cette position était avantageuse pour eux ; elle assurait leur alimentation en remplaçant la Mer par les eaux du Lac et leur procurait des moyens de transport par terre et par eau, puisque la voie romaine passait devant le monastère pour se diriger vers Nantes au moyen d'un pont de bois jeté sur la Boulogne à 200 pas de là, avant la tête des marais.

Dans un temps où les pirates étaient sans cesse en course, il était prudent de penser à la défense de chaque localité et de multiplier les retranchements (2). Les religieux firent valoir cette considération près de l'empereur Louis-le-Débonnaire qui, par un diplôme de 819, leur accorda l'autorisation de couper la voie royale et de prendre l'eau de la Boulogne pour remplir les fossés de l'enceinte creusée autour du bourg. Dès lors, l'établissement de *Deas* devint une place quasi fortifiée dont on peut voir les restes près de la gare. Le fossé n'a guère plus de 5 mètres de largeur. C'était insuffisant pour assurer sa sécurité. Les pirates n'étaient pas hommes à s'arrêter devant un obstacle aussi faible, ils arrivèrent jusqu'à l'église, en 847, le 29 mars, ils l'incendièrent ainsi que le monastère voisin.

La communauté un moment dispersée se reforma et reconstruisit à la hâte la nef que nous avons sous les yeux en s'aidant de larges briques pour soutenir les matériaux, comme elle l'avait fait, en 836, lorsqu'elle avait installé définitivement le corps de saint Filibert sous le maître-autel, dans une crypte fermée ; cette partie n'eut pas à souffrir de l'incendie et demeure debout.

(1) « In pago qui dicitur Erbadellicus, in loco cujus vocabulum est Deas. » *Diplôme de Louis le Pieux de 819* (Arch. dép. de Saône-et-Loire, H 177, n° 1).

(2) « Ob commoditatem ejusd. monasterii ex fluvio qui dicitur Bedonia aquam ibi velle perducere. » Léon MAITRE, *Géographie historique et descriptive de la Loire-Inférieure*, t. II, p. 183.

Les reliques furent emportées, en 856, en Anjou, le tombeau seul resta vide dans la crypte ; cependant, il ne cessa d'être entouré de vénération en souvenir des miracles nombreux qui s'étaient accomplis de 836 à 856.

Etablis définitivement en Bourgogne, à Tournus, les religieux de Saint-Philbert de Noirmoûtier n'oublièrent jamais leur résidence de *Deas*, ils s'empressèrent d'y fonder un prieuré au XIe siècle lorsque le calme permit de revenir aux vieilles habitudes. Le prieur de Saint-Philbert devint un personnage ecclésiastique important qui avait la surintendance des prieurés de l'abbaye de Tournus dans le diocèse de Nantes.

Les églises de Saint-Viau, de Vue, de Saint-Lumine, de Passay, de Saint-Colombin, de Saint-Jean-de-Corcoué, de Mormaison, de la Limousinière, de Passay, des Moûtiers, de Saint-Ph. de Machecoul et de Legé relevaient de son autorité. Renfermé dans son logis, derrière son enceinte de fossés du IXe siècle, il avait l'air d'un gentilhomme prêt à subir un siège. « *Le prioré de Saint-Philbert-de-Grandlieu est basty dans la ville dud. Saint-Philbert (qui est close) de troys corps de logis environnés de fossés pleins d'eau et de fortes murailles* ». (1)

Telle était la description qu'on en faisait dans les vieux titres.

Dans le circuit de la ville, on voyait plusieurs maisons nobles avec grandes dépendances, celles du Chaffault, de la Grue, du Souchay, de l'Espiardière, celle du Temple, dont les propriétaires recherchaient le confort pendant la mauvaise saison. La Papine, au Sud, et le Port-Bossino, à l'Est, étaient simplement des logis de gros bourgeois, tandis que les grands domaines ruraux étaient occupés par les seigneurs de la Moricière, de Monceaux et des Jamonnières dont les noms sont célèbres dans l'histoire moderne.

(1) *Aveu du XVIe siècle.* (Ms. lat. 17092. Bibl. nat., pp. 99-103).

XV

Vue

Après avoir été une ville ou un retranchement gaulois (1), Vue a été sans interruption une châtellenie féodale par le même motif qui avait attiré les premiers occupants. Aucune place n'était plus facile à fortifier et à défendre à raison des nombreux marais et des cours d'eau qui l'entouraient. Elle avait de plus l'avantage de se trouver à l'embouchure d'une rivière navigable, fréquentée par les bateliers, il y avait donc une recette de péage productif à y installer pour le seigneur châtelain, gardien de la forteresse. Sa configuration est celle de deux mamelons séparés par le cours du Tenu ; celui de l'Est, siège de la plus vieille agglomération, celle qui mérite le nom de *ville*, et celui de l'Ouest qui, par une confusion étrange, a supplanté le premier dans les souvenirs historiques. Il est vrai que la plus ancienne église est à l'Ouest, elle est dédiée à saint Filibert, le fondateur de Noirmoûtier au VIIe siècle, ce qui est encore un témoignage d'antiquité. La villa de Deas qui appartenait à cet apôtre, au fond du Lac, devait l'attirer souvent, lui ou ses disciples, dans la vallée du Tenu. La chapelle Sainte-Anne qu'il avait fondée est devenue l'église paroissiale au XIXe siècle.

Quand la châtellenie de Vue fut divisée, le château de la Blanchardais devint le siège de la seconde seigneurie.

(1) Voir au chapitre II la description de la cité gauloise.

CHAPITRE IV

La région du Lac au temps de la Féodalité Domination partagée entre les ducs de Bretagne, les barons de Raiz, les châtelains de Vieillevigne et des Huguetières

I

Divisions féodales de la région du Lac

Au moment où les comtes de Nantes ont succédé aux délégués des empereurs carolingiens sur la rive gauche de la Loire, ils se sont partagé l'autorité et l'administration du territoire avec un certain nombre de gros feudataires qui sont devenus, d'un côté, les sires de Goulaine et de Clisson, de l'autre, les sires de Raiz et des Huguetières, les vicomtes de Rezé, de Barbechat et du Migron qui tous reportaient leurs hommages à la tour du Bouffay. Au milieu de ces juridictions, ils créèrent des enclaves comme la sénéchaussée de Toufou dans le pays de Clisson, et la sénéchaussée de Loyaux dans le pays de Raiz, (1) dont les officiers étaient, en quelque sorte, les surintendants des comtes de Nantes, recrutaient l'ost, rendaient la justice et géraient leurs revenus (2).

Le Lac, par suite de ces divisions, se trouvait dans une zône intermédiaire entre le pays de Clisson et le pays de Raiz, il formait une sorte de réserve que le comte n'avait pas abandonnée complètement au seigneur des Huguetières, puisque dans chaque paroisse riveraine il avait, comme lui, un groupe de tenanciers et de vassaux nobles, il surveillait le cours du Tenu par son sergent féodé d'Ardenne, en Sainte-Pazanne; et les moulins qu'il avait fondés sur la Chenau, au barrage de Pilan, montraient qu'il entendait conserver à son profit les eaux de la val-

(1) Loyaux avait son siège dans le marais de Fresnay. *Description de la Vicomté de Loyaux en* 1678 (Bull. de la Soc. Archéol. de Nantes, 1903, pp. 221-236).

(2) Arch. dép., B 1889.

lée. A Vue, on retrouvait encore les agents du comte au XIIIe siècle, comme le prouve un acte de donation de 1265 en faveur de son fils Pierre de Bretagne. Les sires de Raiz, déjà très envahissants, n'ont pénétré à Vue que par un acte d'échange (1).

Si donc le seigneur de Vieillevigne ou un autre avait été inféodé, dès cette évoque, du fond du lac, on voit qu'il aurait joui d'une propriété bien précaire, puisque le niveau de l'eau dépendait absolument du caprice des meuniers du Souverain établis à Pilan. Le fait fut sensible le jour où les moulins furent supprimés ; les rives qui se trouvèrent à l'abri de l'inondation passèrent dans le domaine ducal de Loyaux et furent enrôlées sur les livres de recettes de ce domaine pour une taxe annuelle de plus-value. Il n'y a pas d'apparence que le seigneur du Lac, s'il y en avait un, ait fait de réclamation.

Ceux qui considèrent les choses de loin sont toujours tentés de croire que la domination des sires de Raiz s'étendait sur toute la rive gauche de la Loire, dès le début, tandis qu'en réalité, ils n'ont reçu en partage qu'un lot restreint dans la région maritime, lot qu'ils ont augmenté peu à peu à travers les siècles. Le reste du pays fut très morcelé, et, en regardant la carte féodale, on voit que les ducs avaient gardé pour eux de belles parts. Leur politique prudente ne voulait pas de vassaux trop importants au XIIIe siècle, elle les surveillait au moyen de ses vicomtes.

Les faits sont là pour le prouver : Silvestre de Rezé, appelé sergent féodal et alloué du comte de Bretagne, en 1260, percevait les rentes jusqu'à Rouans (2).

Parmi ses successeurs, je vois un autre Silvestre de Rezé, seigneur de Briord, en 1390 (E 352). Il est à croire qu'il est l'ancêtre des sergents féodés qui s'installèrent au château d'Ardenne, au nom du Souverain, et qui per-

(1) Anne, femme de Girard Chabot, donna en échange Nogent-le-Rotrou, 1265. (*Cartul. des sires de Raiz*, n° 217.)
(2) Arch. dép., H 47.

cevaient ses rentes dans les paroisses de Fresnay, du Pellerin, de Port-Saint-Père, de Saint-Père-en-Raiz, de Saint-Michel, de Saint-Brevin, de Saint-Philbert et de Saint-Lumine (1).

Les châteaux ne manquent pas dans le pays de Raiz, mais ils sont particulièrement nombreux et pressés les uns contre les autres dans la région du Lac. Il est évident qu'il y a là une grande attraction qui rassemble tous les amateurs de pêche et de chasse parce qu'ils sont assurés d'y faire bonne chère. J'y vois établis, dès le XIIIe siècle, des seigneurs du pays de Châteaubriant, comme Olivier de Rougé et Geoffroy de Sion (2).

Je me contenterai de citer seulement les logis voisins du Lac avec leurs principaux propriétaires, parce que beaucoup d'entre eux ont joué un rôle dans les conflits soulevés par les questions de desséchement.

Si nous comparons la conduite des seigneurs, nous remarquons, d'un côté, l'esprit envahissant des barons de Raiz, qui profitent de toutes les occasions (3) pour agrandir le périmètre de leurs fiefs ; de l'autre, la politique assez terne des derniers seigneurs de Vieillevigne qui, investis du droit de justice sur le lac, n'ont pas compris que leur intérêt était d'acquérir la Moricière, Souché, l'Arsangle, ou Saint-Aignan. La Sénégerie elle-même, qui était leur seule et unique possession sur le Lac, fut vendue par Jean de la Lande lui-même à François Biré, en 1576 (4).

(1) Arch. dép., B 1888-1889.

(2) Arch. dép., H 22, H 56.

(3) Au XIIe et au XIIIe siècle, la seigneurie de Saint-Philbert elle-même était aux Machecoul, Bernard et Olivier. (*Chartes de Geneston et de Buzay*).

(4) *Archives du château de la Senaigerie*. On disait aussi *Sannagerie*.

II

La Seigneurie des Huguetières, ses droits, son partage et sa réunion au duché de Raiz

De toutes les seigneuries qui environnaient le Lac, celle des Huguetières était sans conteste la plus importante, car elle s'étendait sur 14 paroisses qui, pour la plupart, sont rangées en ceinture autour du bassin du Lac, ou, pour quelques autres, font une pointe dans la Vendée jusqu'à Bois-de-Cené, Paulx et la Garnache. Les autres paroisses de la mouvance des Huguetières sont : Bouaye, Le Bignon, Port-Saint-Père, Saint-Philbert-de-Grand-lieu, Saint-Mesme, Saint-Lumine-de-Coutais, Saint-Mars, Saint-Aignan, Machecoul, Pont-Saint-Martin, La Chevrolière et Saint-Colombin (1). Elle avait tellement de vassaux qu'il ne lui fallait pas moins de 4 sergents féodés établis à l'Epine, à Chevreux, au Plessis et à la Moinerie pour assurer le recouvrement des redevances.

Le prince qui avait créé son périmètre lui avait en même temps donné la juridiction féodale suprême sur toutes les petites seigneuries dispersées sur son territoire ou à peu près, voire même sur la Clartière en Machecoul. Un jour, le seigneur des Huguetières concède des droits d'usage dans la forêt de Machecoul (2) ; un autre jour, il reçoit les hommages des seigneurs de Monceaux, du Trejet, de la Frudière, de l'Arsangle, de la Noë de Passay, de Viesgue, de Saint-Aignan, de Saint-Mars, de Briord, de l'Enfrenière ; ou bien il arrente les landes des Huguetières au Bignon, il rend la justice depuis Cheix jusqu'à Saint-Philbert ; en un mot, il a

(1) Le fief des Huguetières à Machecoul, en 1780, comprenait même la motte de Sainte-Croix (Arch. dép., E 352).

(2) Citation d'actes dans les *Rapports* de 1763. (Arch. dép., B. Présidial.)

des vassaux dans chacune des paroisses limitrophes du Lac. Ce qui lui échappe, appartient au Duc ou au Roi, suivant les époques.

On se demande pourquoi on a donné à cette juridiction la forme d'un grand cercle enveloppant le Lac de tous côtés, si ce n'est pas pour la constituer gardienne du bassin. Dans les contestations qui surgissent au xve siècle, on voit sans surprise que le seigneur des Huguetières a des droits de pêche et de police importants sur le Lac, puisqu'il peut interdire au seigneur de Vieillevigne de tirer ses filets sur ses fiefs et de les faire sécher, sous peine d'amende et de saisie de matériel (1). Un autre jour, ses officiers arrêteront des particuliers qui avaient pêché dans son canton, et ils les forceront à reconnaître qu'ils auraient dû se munir de sa permission pour tirer leurs filets et les essever (2).

La seigneurie des Huguetières avait rang de simple châtellenie, comme la seigneurie de Clisson ; elle n'en avait pas moins droit à l'indépendance suivant la loi féodale. Au début et pendant plusieurs siècles, les seigneurs des Huguetières ont porté directement aux ducs de Bretagne ou aux comtes de Nantes leurs actes d'hommage.

Au xve siècle, leur situation changea, leurs gros revenus excitèrent l'envie de leurs voisins, les barons de Raiz, qui étaient alors de la puissante famille de Laval (3), pourtant très richement dotée, et qui ne manquaient pas une occasion de s'agrandir. En ajoutant une nouvelle terre à la liste de leurs vassaux nobles astreints à l'hommage direct, vis-à-vis d'eux, ils rehaussaient d'une part leurs droits honorifiques, et, de l'autre, ils augmentaient leurs produits éventuels, puisque l'*hommage* entraînait le *rachat* (4). En d'autres termes, le seigneur

(1) Arch. dép., F 497, 519 et 520.
(2) *Accord de* 1467 (Inv. de titres, E 521, Arch. dép.).
(3) Catherine de Machecoul avait épousé Pierre de Craon.
(4) Le seigneur suzerain qui exerçait le *droit de rachat* sur une terre en jouissait un an à la mort de chaque propriétaire noble.

des Huguetières, en se déclarant l'homme-lige du baron de Raiz, était obligé de lui céder pendant un an la jouissance de ses domaines avant d'en prendre possession, à chaque décès de propriétaire. Le complot réussit grâce à la complaisance des Dinan, qui possédaient alors la seigneurie des Huguetières.

Le duc de Bretagne, en cette occasion, défendit mollement sa souveraineté ; ses officiers auraient pu facilement répondre au baron de Raiz que son ressort était complet avec ses quatre châtellenies de Machecoul, de Bourgneuf, de Prigny et de Pornic, chiffre légal du code féodal, et que d'ailleurs Aliénor de Thouars et Louis, vicomte de Thouars, au XIVe siècle, adressaient directement leurs réclamations et leurs hommages aux ducs (1).

Il existe des actes favorables aux prétentions des sires de Raiz, de 1414, de 1428, de 1448, mais il faut les regarder comme des usurpations ou des actes basés sur une méprise (2). Il est fort possible, en effet, qu'au moment d'un mariage, une partie de la châtellenie de Machecoul ait été détachée de la baronnie de Raiz pour augmenter la valeur des Huguetières. J'ai eu la pensée de cette annexion probable en voyant la prolongation des Huguetières jusqu'au sud de Machecoul. Les officiers chargés de recevoir les aveux n'avaient pas toujours des registres au courant des mutations ; c'est la cause sans doute de toutes les tergiversations qui motivent tant de procès. Prigent de Coëtivy convoitait toutes les mouvances des alentours du Lac pour être en possession du bassin tout entier. Après avoir racheté Souché et les Jamonnières, il avait conclu un échange et un prêt avec Louis de Machecoul pour avoir le *lac lui même*, c'est-à-dire la juridiction (3).

Après la mort de Charles de Dinan, le duc se fâcha et

(1) *Dispense de rachat pour la vve d'Olivier de Machecoul*, 1345. (E 151.) *Hommage du Pont-Saint-Martin*, 1367. (E 148, Arch. dép.). Voir aussi E 353 et 354.

(2) Mandement ducal du 7 janvier 1445. Inv. de pièces, E 219.

(3) Arch. dép., E 1014.

exigea le rachat de la châtellenie des Huguetières telle qu'elle était, pour en jouir jusqu'à ce que le baron de Raiz apportât des justifications. Le vassal s'abaissa sans doute une fois pour apaiser le Souverain, mais René de la Suze obtint la prestation des hommages de Guy de Laval, en 1460 et 1474.

A la mort de Françoise de Dinan, André de Chauvigny, baron de Raiz, fut moins absolu que ses prédécesseurs, quand il fit main basse sur l'héritage de cette princesse. Il exposa que les appels de la juridiction de Saint-Philbert et des domaines situés au sud de l'Ognon se portaient à Machecoul, faisant entendre par là qu'il y avait deux parties distinctes dans la seigneurie des Huguetières (1). La sentence définitive manque au dossier. Cette lacune nous prive de l'avantage d'une lumière complète sur une question qui a son importance dans l'histoire du Lac.

Le baron de Raiz avait un moyen sûr de l'emporter, c'était d'acheter la seigneurie des Huguetières et de la réunir à la baronnie de Raiz. C'est ce qui arriva au XVIe siècle, quand le maréchal de France, Claude d'Annebaud, céda aux Laval ses terres de Montafilant et de Plancouet contre la seigneurie des Huguetières, y compris Châteaubriant (2). Désormais, les ducs de Raiz ajouteront à tous leurs titres celui de seigneur des Huguetières jusqu'à la Révolution et recevront de ce chef les hommages de la plupart des terres formant la ceinture du Lac. La coutume des démembrements et des consolidations de fiefs, semblables au cas que nous citons pour les Huguetières, a tenu une si grande place dans l'histoire des seigneuries qu'il est difficile de fournir un état exact des mouvements qui ont bouleversé le sys-

(1) Arch. dép., E 519.

(2) *Acte du* 11 *avril* 1542. (Arch. dép., E 486). Voir aussi *Acte de* 1545 pour le Port-Saint-Père (E 353). *Châteaubriant* représente la portion démembrée et sans doute celle qui ne fut pas vendue par les Laval. Les barons de Raiz n'avaient rien autour du Lac avant l'acquisition des Huguetières.

tème féodal et la liste des propriétaires qui se sont succédé dans chaque ressort. Cette seigneurie ou châtellenie des Huguetières elle-même a été morcelée, à un moment que nous ignorons, pour fournir une dot à une fille ou un préciput à un fils. C'est pourquoi, dans l'échange ci-dessus de 1542, il est stipulé que l'acte s'applique aussi à *Châteaubriant*, désignation qui représentait la partie nord de la seigneurie des Huguetières (1). Encore aujourd'hui, la partie du bourg du Pont-Saint-Martin qui est sur la rive droite de l'Ognon se nomme Châteaubriant, en souvenir de la division féodale dont nous parlons. Quand on lit que Louis, vicomte de Thouars, a fait hommage au duc du Pont-Saint-Martin, cela veut dire qu'il est apanagé seulement de la moitié des Huguetières (2).

Cette division est également bien marquée dans la constitution de dot de Bertrand de Dinan par son père, en 1414; sa part comprend le manoir des Huguetières avec ses dépendances entre la rivière de Loire et la rivière de l'Ognon, et entre la Loire et le lac de Grandlieu.

Après ce que nous avons dit de son étendue, on voit que Charles de Dinan, seigneur de Châteaubriant, recevait à peu près la moitié de la seigneurie des Huguetières (E 486). Telle est l'origine du fief de Châteaubriant au Pont-Saint-Martin. Pendant qu'un Châteaubriant apportait son nom au sud de la Loire, un autre exportait le nom des Huguetières jusque dans le diocèse de Rennes, dans les paroisses de Guipry et de Guichen (3).

(1) Le seigneur de la Bénâte avait des vassaux à Saint-Philbert. Il les céda au sgr du Chaffault (Bouguenais), qui constitua ainsi un nouveau fief du Chaffault en Saint-Philbert, et reçut en retour les vassaux du Chaffault à la Bénâte.

(2) E 148 Voir aussi série E, supp. duché de Raiz. *Mémoire impr. de* 1783 (Arch. dép.).

(3) G. DE CORSON. *Les grandes seigneuries de Bretagne*, t. I, p. 222.

III

Origine de la seigneurie des Huguetières

Puisque je suis dans les distinctions minutieuses, j'aurais voulu apporter ici l'explication du nom des *Huguetières*, qui paraît venir d'un nom d'homme, comme la Rochefordière, la Martinière (1). Par voie d'assimilation, il faut supposer qu'à une époque ancienne, la terre en question a dû former l'apanage d'un seigneur nommé Hugues. Si je remonte dans la lignée des propriétaires de ce domaine, je rencontre au XIIIe siècle un Hugues de Thouars qui épousa Marguerite de Montaigu ; or, on sait que les alliances n'ont pas manqué entre les Machecoul, les Laval, les Chabot et la famille de Thouars (2). Si on ne trouve pas d'autre seigneur Hugues dans les familles alliées, on sera obligé de se rattacher à celui-ci.

Le plus ancien seigneur connu d'une façon certaine est Olivier de Machecoul, dont la femme, Eustachie de Vitré, s'intitule avec ostentation dame de la Huguetière, en 1288 (3). Il faudrait en conclure qu'elle avait apporté cette terre dans sa dot et qu'elle était fille d'André de Vitré, gendre de Guy de Thouars, duc de Bretagne.

Les seigneurs qui lui ont succédé probablement sont :

OLIVIER II DE MACHECOUL, ép. Isabeau Chabot.

GEOFFROY VI DE CHATEAUBRIANT, qui épousa Isabeau de Machecoul, dame des Huguetières ; leur fille Thomasse épousa ROLLAND DE DINAN.

GEOFFROY VIII DE CHATEAUBRIANT épousa Isabeau

(1) FILLEAU. *Dict. hist. et généal. des familles de l'anc. Poitou.* Poitiers, 1840-1854, 2 vol. in-8°.

(2) Il y a aussi un Hugues de Montaigu en 1203 parmi les bienfaiteurs de l'abb. de Villeneuve (H 86, Arch. dép.).

(3) H. 86 *Ibidem.*

d'Avaugour, comtesse de Thouars, qui était veuve en 1348 et reçut la seigneurie des Huguetières de sa belle-sœur Louise de Châteaubriant. Elle était encore douairière des H. en 1392 (1).

Charles de Dinan.

Bertrand de Dinan, qui s'intitule toujours maréchal des Huguetières (1428-1444).

Françoise de Dinan, ép. de Guy de Laval.

Jean de Laval, seigneur de Châteaubriant.

Claude d'Annebaud, baron de Raiz, maréchal de France, acquéreur des Huguetières.

Albert, Henri et Pierre de Gondy.

Le duc de Lesdiguières.

Le duc de Villeroy.

Tous ces puissants personnages avaient de nombreuses résidences, toutes plus agréables à habiter que le manoir des Huguetières, dont la situation n'avait rien de pittoresque. Il se trouvait dans la commune de la Chevrolière, assez loin des horizons du Lac, sur le bord du grand chemin du Bignon à Saint-Philbert, comme si son premier propriétaire avait eu mission de surveiller ce passage. On comprend pourquoi ses successeurs n'ont jamais tenté d'édifier des constructions importantes et se sont bornés sans doute à ériger une simple tour environnée d'une ceinture de douves. Son emplacement est aujourd'hui marqué par quelques mouvements de terre peu saillants, encore visibles près de la ferme des Huguetières ; ils rappellent la vieille motte féodale du xe siècle et sans doute un château qui ne fut pas compris dans la vente faite à Claude d'Annebaud.

La famille de la Grue se disait, au xviie siècle, en possession d'une seigneurie des Huguetières dont le siège était à la Chevrolière. François de la Grue était, en 1660, seigneur de la Frudière, et son frère Claude s'intitulait seigneur des Huguetières. D'où je conclus que le

(1) Arch. dép., E 352 et 486.

maréchal d'Annebaud avait simplement acheté les fiefs et mouvances, comme fera plus tard M. de Brie-Serrant pour le duché de Raiz (1).

IV

Principaux seigneurs de la région du Lac

Aucun des seigneurs que nous avons énumérés n'avait été jugé apte à remplir les fonctions de juge des contraventions et délits commis sur les eaux du lac de Grandlieu : c'est le châtelain de la seigneurie de Vieillevigne qui fut investi du droit de juridiction à exercer dans ce bassin. Il se pare de ce titre de justicier dans un aveu de 1426 qui est la première affirmation publique et incontestée de son inféodation. A cette époque, Tristan de la Lande était chambellan du duc Jean V, il est possible qu'il ait inspiré la rédaction de l'acte où nous lisons : « Un lac vulgalement nommé le Lac de Grandlieu o tout son fons et appartenances. » Il n'est pas encore question de juridiction, il est, au reste, remarquable que ce personnage ne s'intitule pas *seigneur de Grandlieu*, ni lui, ni ses successeurs au XVe siècle. Il faut descendre jusqu'en 1504 pour trouver mention de la seigneurie de Grandlieu en tête des aveux de Vieillevigne. Si donc on rencontrait un seigneur de V. qualifié *seigneur de Grandlieu*, par addition, dans les années antérieures, il y aurait lieu de se tenir en défiance contre l'auteur qui aurait admis cette appellation. (2)

(1) Minutes de Lucas, notaire à Nantes, 1660.

(2) BEAUCHET-FILLEAU. *Dictionnaire des familles du Poitou.* Art. *Gastineau.*

Principaux seigneurs de la paroisse de Bouaye

La Sénégerie	*La Ville-en-Bois*
MACHECOUL-LALANDE.	JAMET DE LA VILLE, XVe s^e^.
BIRÉ (FRANÇOIS), acquéreur en 1576.	BOILÈVE.
	BORGNET.
	CABOT (DU).
	BAUDOUIN (XVIIe s^e^).

Principaux seigneurs des paroisses de Brains et de Cheix

Seigneuries de Jasson et Malnoë	*Seigneurie du Pesle*
ROUGÉ (DE).	GUERCHE (DE LA), XVe s^e^.
TOURNEMINE.	LOUER DE LA LOUERIE.
MORIN DU BOIS, 1558.	COING (DU).
BIRÉ (XVIIe s^e^).	LYROT.
GAZET, 1624.	SÉVIGNÉ (DE), XVIIe s^e^.
CONIGAN (DE).	CHENU DU PLESSIS.
BINET, acquéreur, 1677.	CORNULIER.
CORNULIER-LUCINIÈRE.	BINET, acquéreur, 1709.
BINET DE LA BLOTTIÈRE (XVIIIe s^e^).	

René Tournemine démembra le domaine de Jasson. Les droits féodaux et de justice ont été détachés du château dans les paroisses de Bois, de Saint-Aignan et de Saint-Léger, et vendus à G. Morin de la Marchanderie en 1558, plus le droit de remeré en 1573. Ce dernier passa ses droits aux Biré en 1602. Il en résultait que le titre de seigneur de Jasson pouvait être porté par tous les acquéreurs des membres aliénés.

Principaux seigneurs de la Chevrolière

Seigneurie de l'Arsangle

MANDIN.
SAINT-AIGNAN (DE).
GERUTH DU VIVIER.
VERN, XVIe se.
BOJU.
CHARETTE DE LA JOUE.
LE MEIGNAN.

Seigneurie du Trejet

MELLIENT (DE), XIVe se.
CHARETTE.
BRADASNE DE BUGNONS.

Seigneurie de la Noë de Passay

JEHAN DE LA NOE.
SAUVAING (R.).
ROCHEREUL.
LAURENT.
BRADASNE DE BUGNONS.

La Guerche

TOURNEMINE.
PANTIN DE LA NOE.
FRANÇ. DE LA GRUE, XVIIe siècle.

Principaux seigneurs de Port-Saint-Père

Seigneurie de Briord

SILVESTRE DE REZÉ.
GUERCHE (DE LA).
ROCHEFORDIÈRE (Labbé DE LA).
LANDAIS.
LOUER.
ROUSSIÈRES (DES).
LESPINAY.
CHARETTE.

Seigneurie de la Tour

D'ELBIEST.
SAINT-AMADOUR.
HERBERT D'ORSONVILLERS
TEMPERAN.
GAZET, 1554-1606.
ESPINOSE (D').
LEMOINE, 1675.
ROSMADEC (DE).
LOQUET DE GRANDVILLE.

Principaux seigneurs de la paroisse de Saint-Aignan

Seigneurie de Souché

COCHÉ (DE) ou SOUCHÉ.
MACHECOUL (G. DE).
CRAON (DE).
LE FERRON.
MONTBRON, 1591.
ROCHE-FOUCAULT (DE LA), 1630.
SYMON, 1640.
PONCEAU (DU), 1678.
GICQUEAU.
BIRÉ.

Seigneurie de Saint-Aignan

SAINT-AIGNAN (M. DE), 1415.
GOHEAU.
MONTBRON (I. DE), 1570.
ROCHE-FOUCAULT (DE LA).
ROUSSEAU, 1678.

Principaux seigneurs de Saint-Leger

Seigneurie du Chatellier

GAZET, 1554-1767.

Principaux seigneurs de Saint-Mars-de-Coutais

Les Coëtis ou la Cour

COETIS (M. DE).
ARNAU.
LE POICTEVIN.
ORTYE.
HEAULME.
FAUCHET.
CHAUVIN (XVIIe s[e]).
BOUX.

Seigneurie de Saint-Mars

SAINT-MARS (H. DE).
OLIVE DE LA SALLE.
CROIXILLE (G. DE LA).
FAUCHET, 1664.
HEAULME.
CHAPELLE (DE LA).
BOUX, 1700-1770.

Principaux seigneurs de Saint-Mesme et de Sainte-Pazanne

Seigneurie du Branday

GOUY, 1475.
POUEZ (DU), 1546.
SÉVIGNÉ (DE), 1551.
LE PELLETIER, 1607.
DUMOUTIER, 1642.
NEPVOUET.
LELOU.

Seigneurie d'Ardenne

CROISIL (DU).
J. FOUCHER DE SAINT-MARS, 1600.
MICHAEL.
CHARETTE.
BOURDIN.
HAN (DU).
BARRIN.
BIDÉ.
CHANCEREL.

Principaux seigneurs de Saint-Philbert-de-Grandlieu

Seigneurie de Monceaux

CHAFFAULT (DU).
LESPINAY (G. DE).
GABARD, acquéreur, 1671
JUCHAULT.

Les Jamonnières

LAVAL.
LE FERRON.
COETIVY (PR. DE).
GOHEAU.
MONTBRON (DE).
GABARD.
BOUHIER DE LA VERRIE.
JUCHAULT.

Seigneurie de la Moricière

GOUY.
SAINTE-FLAYVE.
NOE (DE LA).
POUEZ (DU), 1547.
LAURENS.
LEBEC.
GABARD.
JUCHAULT DE LORME.

Principaux seigneurs de Vue et de Vieillevigne

Châtellenie de Vue

P. de Bretagne.
Emma de Chateau-Gontier.
Ve Geoffroy de Pouancé
Girard Chabot.
Tournemine.
Landais.
Blanchard de la Blanchardais.
Chauvin de la Muce.
Rousselet de la Pardieu.
Henri de Gondy.
Neufville de Villeroy (de).
Leclerc de Juigné, 1741.
B. des Champsneufs, 1752.
Danguy.

Châtellenie de Vieillevigne

Gastineau.
Milet de Machecoul.
Jean, Louis, Tristan et Gabriel de la Lande.
Chapelle (H. de la).
Damas (H. de).
Crux (G. de).
Rochechouart (J.-B. de).
Leclerc de Juigné.

CHAPITRE V

Les droits de pêche, leurs variétés et leur partage entre les divers seigneurs. Le seigneur de Vieillevigne justicier du Lac.

I

Acquisitions et attributions du seigneur de Vieillevigne

Il est surprenant qu'après avoir créé une seigneurie spéciale comme celle des Huguetières, dont nous avons décrit l'importance et la suprématie sur la ceinture du lac, le duc de Bretagne ait délégué à un autre seigneur la connaissance des délits de pêche, et qu'il ait choisi un titulaire éloigné, possédant peu de terre autour du Lac. C'est un fait singulier à relever. Il n'y avait pas de château et de seigneurie de Grandlieu avec des dépendances, des vassaux nobles et roturiers, un moulin, une garenne et tout ce qui composait l'entourage du seigneur ; Grandlieu désignait tout au plus une ferme.

C'est par une fiction que, peu à peu, le seigneur de Vieillevigne fit adopter cette opinion que le bassin du lac, avec sa juridiction haute et basse, ses pêcheurs et ses bateaux, pouvait composer une seigneurie analogue aux autres, dont les profits étaient dans les congés de pêche et les amendes perçues sur les délinquants. Ce domaine, bien qu'incorporel, donnait lieu à un séquestre comme les autres, chaque fois qu'il y avait décès de seigneur ou changement de propriétaire, pour la perception du *rachat.*

Le revenu était peu de chose, cependant, le seigneur était fier de jouir du droit de haute justice qui lui donnait le pouvoir de connaître de toutes les contestations qui surgissaient entre les pêcheurs à l'occasion de leur ferme et de vérifier la régularité de leurs engins. Les actes de vol, de dommage, de violence sur le Lac n'étaient pas plus rares qu'ailleurs et donnaient lieu à des plaintes qu'on portait aussi devant le juge désigné par le seigneur de Vieillevigne.

Ces attributions paraissaient trop étendues aux maîtres des Eaux et Forêts du siège de Nantes qui étaient spécialement chargés de la police de la pêche sur les cours d'eau navigables dans le comté nantais; ceux-ci saisissaient avec empressement toutes les occasions d'intervenir dans la surveillance des prohibitions et des engins, d'une façon immédiate, comme juges en première instance. Ces prétentions anéantissaient la juridiction confiée au seigneur de Vieillevigne, car il n'avait pas de justiciables en dehors des pêcheurs. De là sont sortis les conflits qui apparaissent surtout au XVIIe siècle et ces multiples procès qui sont portés jusqu'au Parlement de Bretagne par les seigneurs du Lac. En 1607, Louise de Talensac, dame douairière de Vieillevigne, obtint un arrêt du 14 juillet qui casse les jugements des maîtres des Eaux et Forêts contraires à son *droit de justice et de police* sur le Lac (1).

En 1636, le siège des Eaux et Forêts recommença ses tentatives d'usurpation en poursuivant les fermiers de la pêche coupables d'infractions aux règlements. En 1645, ils ne se contentent pas de contrôler les filets et de verbaliser ; les agents du Roi emportent le poisson de force, attendent les marchands aux carrefours des routes, les empêchent d'exposer leurs paniers aux marchés et les menacent de prison. La Cour, sans blâmer l'usurpation, se borne à défendre aux maîtres des Eaux et Forêts de vexer les pêcheurs et de prélever des amendes.

En 1647, Gabriel de Machecoul était défendeur dans un procès de même nature, c'est-à-dire un règlement de compétence ; le siège de Nantes lui refusait le droit de délivrer les *congés de pêche*, tandis que lui affirmait

(1) Arch. de la Loire-Inférieure, C 115, 116.

que nul n'avait droit de pêcher sans sa permission (1). Ces termes sont à expliquer, car on pourrait en induire à la légère que le ***propriétaire du lac seul*** pouvait délivrer des congés, tandis qu'ici c'est une question de forme qui est en cause. Il s'agit de savoir quels sont les juges auxquels le souverain du Lac, qui est le Roi, a délégué le pouvoir de signer les congés, car nous répétons que, dans tous ces conflits, le seigneur de Vieillevigne plaidait non pas comme propriétaire d'un fief, mais comme un officier du Roi dont on voulait amoindrir les fonctions (2). L'arrêt ne laisse pas de doute à cet égard. Le Parlement met les parties hors de cour, ordonne que les juges institués par le seigneur de Vieillevigne seront reçus en audience du siège de Nantes et que les appels de leurs procès seront jugés par le Grand Maître des Eaux et Forêts (3).

Cette insistance des officiers du Roi, ces incursions fréquentes dans le bassin du Lac sont significatives, elles accusent bien, qu'à leurs yeux, le lac de Grandlieu n'était pas un domaine privé.

Il y avait deux personnages très distincts dans le seigneur de Vieillevigne, comme dans tous les fonctionnaires ; tout en remplissant l'office de *justicier du lac*, il ne lui était pas interdit de faire des acquisitions personnelles et d'être propriétaire de pêcheries. Il était juge et partie dans bien des cas, mais l'ancien régime admettait ces situations bizarres qui étaient courantes dans le monde féodal.

(1) « Nul n'a droit de pêcher s'il n'a concession de lui », dit la procédure.

(2) *Ibidem*, C 115. Il défendait ses attributions comme un bien matériel.

(3) En 1773, M. de Juigné fut autorisé à faire prêter serment à ses juges de la juridiction du lac. (*Ibidem.*)

II

Nature et étendue des droits de pêche des sires de Vieillevigne dans le lac de Grandlieu

Avant d'aller plus loin, il paraît utile de préciser quelle était l'origine de la propriété des seigneurs dominants du Lac et dans quelles limites ils exerçaient leurs droits ordinairement. Les plus anciens documents relatifs à cette question sont tirés des archives de l'abbaye de Buzay ; ils nous font voir que le fondateur, Conan III, duc de Bretagne, concède aux religieux le droit exclusif de pêcher avec une senne (1), sans déterminer s'il s'applique au lac tout entier ou à une partie seulement. Il y a lieu de croire que la concession ne dépassait pas une certaine contrée ou une certaine saison, ou bien que les religieux ont conclu de bonne heure des transactions avec les riverains du Lac pour éviter des embarras et se créer des ressources fixes. En 1236, le bail au droit de cénage rapportait 34 sous à la communauté. Dans tous les cas, il est bien certain que le sire de Vieillevigne a traité avec les religieux au XIVe siècle, car il existe un accord de 1377 par lequel il s'engage à payer une rente de sept livres pour jouir du droit de se servir de la senne, et la rente est hypothéquée sur un domaine de la paroisse de Bouaye dont le nom est bien suggestif : la *Sénégerie*, autrefois *Cénagerie* (2). Après avoir acheté le droit qu'il convoitait, le sire de Vieillevigne choisit

(1) « *Dominium et omnis generis piscaturam laci qui Grandis locus vocatur et ut nemo in eamdem aquam cum sagena nisi ipsi monachi aut per ipsos piscari audeat, concessi* » (Arch. dép., H 62).

(2) Cette procédure de 1377 est exposée d'après une copie très défectueuse « rompue et déchirée d'antiquité ». (Arch. dép., H 62.)

Un pêcheur du Lac

la plus belle grève, la mieux disposée pour tirer les filets, et y fit construire un manoir gothique qui a résisté à tous les ouragans. C'est une charmante résidence, entourée de grands arbres, de vignes et de prairies, d'où la vue s'étend sur le panorama changeant du lac, sans avoir à craindre les inondations. Tel était le domaine foncier qui assurait au sire de Vieillevigne la possession d'un droit de pêche sans doute égal aux droits qu'exerçaient les autres riverains. (1) Il n'avait là qu'un canton de pêche restreint que les titres postérieurs appellent le *fief franc*, c'est-à-dire le canton que le duc avait affranchi de redevances en faveur des religieux. Il nous est connu par les discussions auxquelles il donna lieu et à la suite desquelles il parut démontré que l'Abbaye n'avait pas abandonné toutes ses prérogatives. En effet, le poisson était un aliment trop nécessaire à l'économat de la communauté pour qu'elle négligeât de conserver le droit de pratiquer la pêche à la senne. Elle n'a consenti qu'à un partage.

En lisant l'acte de 1377, on voit que l'acquisition comprend seulement un canton privatif, celui du *fief franc*. Le titre porte que les religieux cèdent « *tout quanque ceux disoient avoir de saisine et droiture en icelle eaue, tant pour eux que pour leurs hommes* » (2). Le seigneur de Vieillevigne mettait peu d'empressement à payer la rente qu'il avait promise en échange, il se laissa poursuivre, en 1434, si bien que ses créanciers furent obligés de lui rappeler pourquoi la Sénégerie avait été grevée d'une redevance.

Nous sommes moins bien renseignés sur l'origine des autres droits de pêche qui appartenaient au seigneur de Vieillevigne sur les rives orientale et méridionale du Lac, dans les cantons qu'on nommait les *ramées* de Saint-

(1) La Sénaigerie avait divers droits dans la basse forêt de Toufou : le bois mort pour son hôtel, la lande et le panage pour les bestiaux de sa ferme. Aveux au Roi (B 1878, Arch. dép.).

(2) Archives dép., série H 62.

Lumine et de la culée de Passay. Il avait là un droit *ad libitum* de pêcher quand bon lui semblait dans les eaux de la culée de Passay, qui était sans doute la conséquence d'une acquisition foncière. De plus, il jouissait d'un droit seigneurial sur lequel je m'expliquerai plus loin.

Je voudrais achever mon interprétation des contrats passés avec l'abbaye de Buzay en précisant le sens du mot *dominium* qui figure dans la charte de fondation, qui signifie la domination seigneuriale dont les religieux étaient investis à l'égard de certains pêcheurs. Personne n'ignore que, sous l'ancien régime, le droit de propriété impliquait le droit de seigneurie et de police ; en acquérant un domaine, on devenait le seigneur de ceux qui l'habitaient. Il n'est donc pas douteux que les religieux de Buzay aient été les seigneurs du lac dans l'étendue de leur canton de pêche et qu'ils aient transmis leur seigneurie à leurs successeurs. Au XIIIe siècle, ils se rendaient justice à eux-mêmes, ils retenaient les barges de certains hommes qui avaient coutume, en 1236, de pêcher avec retz, lignes et autres engins.

Le jour où le seigneur de Vieillevigne entra en possession du *fief franc* qu'il avait acquis de Buzay, il devint du même coup seigneur justicier sur le Lac à l'égard de ceux qui commettaient des contraventions ou des usurpations dans son ressort ; ensuite, sa juridiction s'augmenta de la surveillance des pêcheries qu'il possédait vers Passay et la rive sud. C'est là évidemment le point de départ des attributions judiciaires qui lui furent reconnues par l'autorité souveraine.

Toutes les rives du lac étant occupées par des seigneurs qui, eux aussi, possédaient des droits de pêche, il ne pouvait tirer ses filets où bon lui semblait en dehors de la Sénégerie. Du côté de la Chevrolière, là où sont les belles grèves, la place était gardée par le seigneur des Huguetières, qui exerçait le *droit d'essever*, c'est-à-dire de tirer à terre les filets et de les faire sécher, et qui ne voulait pas les partager sans compensation. L'arrangement qui eut lieu après débat est instructif.

Le seigneur de Vieillevigne convient qu'il n'a pas le *droit d'essever* sur les terres de la Huguetière, en la paroisse de la Chevrolière, et que ses fermiers sont exposés à la saisie de leurs engins s'ils sont pris en contravention, c'est pourquoi il transige et consent à payer une *rente de* 100 *livres* pour assurer toute liberté à ses hommes sur la côte de Passay. Il est bien entendu, dit le titre, que l'acte ne change rien aux droits des eaux deffensables qui appartiennent aux seigneurs du Chaffault et autres riverains du Lac (1).

Il avait intérêt à servir la rente ci-dessus pour conserver l'usage de la pêche abondante de Passay, et cependant il est avéré qu'il se faisait tirer l'oreille pour s'acquitter de ce côté, comme à l'égard de l'abbaye de Buzay. En 1519, les arrérages montaient à 400 livres, et en 1524, Jean de Machecoul, seigneur de Vieillevigne, est cité devant le Parlement de Paris pour la même dette.

D'après certains interprètes peu éclairés, la dame des Huguetières aurait cédé ses droits de pêche dans le cours de cette procédure pour une rente immédiate de 50 livres à son profit et une rente de 100 liv. en faveur de ses héritiers (2). C'est une erreur à rectifier. Les seigneurs des Huguetières n'ont jamais abandonné leur droit de pêche, pas plus que leurs vassaux, mais ils ont pu se montrer bons princes dans la suite avec le seigneur de Vieillevigne, en permettant à leurs fermiers de circuler sur leurs fiefs.

Ce qu'il nous importe de connaître, c'est le revenu de la seigneurie du Lac. Malgré mes recherches, je n'ai pu trouver trace d'autres acquisitions au nom de Vieillevigne. D'après les précédentes citations, la seigneurie se composait d'un droit partiel de *cénage* et de trois can-

(1) *Citation d'un accord du* 24 *janv.* 1469. (Invent. de titres, E 521, Arch dép.).
(2) *Ibidem*, E 250.

tons de pêche qui s'affermaient : en 1426, 60 livres, en 1466, 449 livres (1).

Milet de Machecoul, comme tuteur de son fils, n'avait pris le bail à son compte que pour le prix de 85 francs d'or et un marc d'argent (2). Les chiffres seraient tout autres si l'apanage du seigneur de Vieillevigne avait compris toute la pêche du lac de Grandlieu.

Après le décès de Jean de Machecoul, les produits de la seigneurie de Grandlieu sont mis en adjudication et ne dépassent pas 80 écus (3). Dans l'année 1789, l'Intendant de la province demande des renseignements sur la valeur du Lac. Son correspondant lui répond que tous les propriétaires réunis peuvent tirer environ *cent mille livres* de revenus par la pêche et que, dans ce total, la part revenant au seigneur de Vieillevigne *est de* 2.900 *livres*. Voilà des chiffres éloquents qui prouvent que la propriété du lac de Grandlieu était très partagée sous l'ancien régime.

Quelle était la part du Roi ? Elle consistait dans la perception de la rente fixe appelée *Retraits de Pilon* qui était assise sur tous les rivages du lac desséchés après la démolition des moulins de Pilon, au XIVe siècle, et rapportait de 120 à 127 livres (4).

(1) Voir les aveux de ces dates, Arch. dép., B 1909.

(2) Ces chiffres sont fournis par un *factum* impr. du XVIIIe siècle dont nous ne garantissons pas l'exactitude. (Arch. dép., E suppl. *Huguetières.*) Le marc d'or valait 423 liv. 10 sous au XVIIIe siècle. Le marc d'argent 27 livres 13 sous.

(3) Arch. dép., C 115.

(4) Arch. dép., B 1888 et H 50.

III

Les concurrents du seigneur de Vieillevigne sur le Lac

Si nous possédions les titres de propriété de chacun des domaines riverains du Lac, il nous serait facile de montrer qu'à l'origine le Souverain a joint un droit de pêche à chaque inféodation de seigneurie ; néanmoins les témoignages dont nous disposons composeront une démonstration suffisante.

La police du marché de Passay appartenait au seigneur des Huguetières, qui affirmait son droit en prélevant *une maille* sur chaque lot de poisson vendu et chargé dans ce port le plus fréquenté du lac. Les pêcheurs y venaient en grand nombre attacher leurs bateaux parce qu'ils y étaient obligés, et aussi parce que le rivage de Passay était le plus commode pour étendre les filets. Ils reconnaissaient au seigneur des Huguetières le droit de choisir d'autorité le poisson qui lui plaisait, en le payant toutefois le prix convenu entre eux et les acquéreurs. En un mot, il était le souverain du bourg de Passay, car il contrôlait les mesures des débitants de vin et prélevait un *droit de billot* sur les pipes de vin vendues en gros et en détail (1).

Une transaction de 1469 nous apprend que le droit du seigneur des Huguetières n'avait pas de limites fixes, il pouvait pêcher *où que que soit*, en certains endroits du lac, jusqu'au point que pourrait atteindre un cheval en chevauchant à l'époque des basses eaux, en y ajoutant la distance que le bras franchirait en lançant une lance gaye (2).

(1) *Rôle rentier de la seigneurie des Huguetières* de 1709. (Arch. dép., II 499.)

(2) « Autant que homme à cheval pouroit entrer et chevaucher

Cette singulière façon de mesurer un quartier de pêche était de nature à soulever bien des difficultés ; il n'en est pas moins vrai que la seigneurie des Huguetières n'a pas été dépouillée et a transmis tous ses droits aux ducs de Raiz quand elle est passée dans leur mouvance. Lorsque la dame de Vieillevigne, mal inspirée et mal informée, refusa, en 1663, de reconnaître les droits des riverains du lac et les assigna devant la Table de Marbre, les seigneurs de Monceaux, du Chaffault, de la Touche, de la Noë, de l'Arsangle, de la Thibaudière, du Tréjet, de la Guerche, du Plessis et de la Provôté, s'abritèrent derrière le duc de Raiz, comme seigneur des Huguetières, et l'appelèrent comme garant de leurs droits de pêche (1).

Les moyens de défense sont à retenir, car le duc de Raiz affirme que la juridiction de la seigneurie du Lac *se tenait sur l'eau*, détail que nous retrouverons dans des procès plus récents ; il ajoute que la demanderesse n'a même pas le pouvoir *d'essever* sans toucher aux fiefs de Raiz (2) qui l'environnent, comme si le traité de 1469 n'existait plus. D'autre part, il prend fait et cause pour ses vassaux et dénombre des aveux qui justifient leurs prétentions à la pêche. Ce procès traîna en longueur et aboutit à un arrêt de la cour supérieure appelée la *Table de Marbre*, dont nous voudrions posséder le texte, il est du 22 mai 1683. Quand les avocats de la famille de Juigné le citent, ils représentent qu'il maintient la marquise de la Roche-Giffard « dans la propriété et jouissance du « lac de Grandlieu, qui a sept lieues de tour », déviation des prémisses du procès.

Les intimés n'ont pas contesté l'étendue ni la propriété du Lac, ils se sont défendus parce que la marquise leur interdisait la pêche, il est donc assez singulier que les

par iceluy au tems qu'il estoit plus bas. » (E 521, Arch. dép. de la Loire-Inf.).

(1) *Inventaire de titres de* 1670 (Arch. dép., E 521).

(2) Raiz ici comprend les Huguetières.

juges intervertissent les rôles ; c'est pourquoi nous réclamons l'arrêt lui-même.

Tous les actes ne sont pas perdus, il nous en reste assez pour comprendre comment la Féodalité organisée autour du Lac avait attribué à chaque fief une portion des rives, afin que chaque propriétaire eût son lot de pêche.

Les religieux de Villeneuve, paroisse du Bignon, qui avaient besoin de poisson, s'étaient eux-mêmes établis dans l'île de Dun par suite d'une transaction avec leurs frères de Buzay et déclaraient toujours leurs pêcheries au Domaine (1).

La concession faite au sieur de Launay était de 80 brasses, le long des terres de sa métairie de Launay (2). Dans la même paroisse de Saint-Aignan, le seigneur Rousseau déclarait aussi que ses droits seigneuriaux comprenaient des « eaux, pêches et marais sur la rive du Lac, à l'embouchure de l'Ognon » (3).

Il n'est pas douteux que le seigneur de la Sénégerie ait lui-même été inféodé de droits de pêche sur les rivages de son domaine, bien qu'ils ne figurent pas dans les dernières déclarations au Roi. Cette omission a servi d'arme, en 1836, à M. de Juigné, dans son procès contre M. Simon, propriétaire de la Sénégerie, et ce dernier n'a pas su se défendre en montrant les anciens titres (4). Par le terrier des domaines du Roi, il apparaît nettement que le seigneur de la Sénégerie, comme les autres, avait des droits de pêche dans le lac et surtout dans le chenal courant de l'Etier, au village de Butay ; il en était si bien propriétaire qu'il en avait disposé au profit de la chapellenie de son château pour composer sa dotation.

(1) Dun était dans la dotation primitive de Buzay (Arch. dép. H 19. — *Terrier de* 1678, vol. IX).

(2) *Terrier de* 1678, vol. X, p. 41 (Arch dép., B).

(3) Son canton se nommait l'Angle et Mallet (*Ibidem*, pp. 15 et 404).

(4) Il aurait suffi de rappeler que ce domaine était aux Machecoul de Vieillevigne au XIVe siècle.

Cette générosité ressort de la déclaration faite par le titulaire en 1678. Ses revenus se décomposent ainsi :

6 livres de rente sur une bresse de marais et deux écluses joignant au chenal.

22 sous de rente sur une autre écluse vis-à-vis le marais du Buttay.

15 livres et une anguille de rente sur l'écluse du Buttay, au chenal de Grandlieu.

Une rente de 40 sous sur deux écluses contenant 38 brasses encore au même chenal.

Autre rente de 30 sous sur deux écluses en face du marais de la chapellenie.

Plus un canton d'eau dans lequel le chapelain a un droit prohibitif de pêche avec garnils, retz de poulles, louves et ancraux ; plus la liberté de bâtir autant d'écluses qu'il voudra (2).

Un propriétaire aussi généreux ne pouvait pas s'être démuni et devait conserver pour lui au moins un droit de *cénage* comme ses voisins.

Il est possible que certains seigneurs aient été frappés de l'interdiction de pêcher par les Maîtres des Eaux et Forêts parce qu'ils ne montraient pas de titres, ils ont pu ensuite se faire relever de leur condamnation le jour où ils ont trouvé leurs preuves. Dans les procès soulevés à propos de la pêche, on fait des citations d'aveux et d'arrêts tellement courtes, que nous ne pouvons les interpréter à notre aise.

Voici dans quels termes le seigneur de l'Arsangle faisait montre de ses droits :

« *Item un droit d'eau et de pêcherie, tant de cénage, d'encros, encrolage que autres tessures appellées* les eaux des Loges, *scises entre les eaux et pêcheries de Lande-Blanche et les eaux de Laubraye et de la Thébaudière et un rivage appellé* Blossac *et les terres du dit lieu d'Arsangle.* »

« *Item la moitié par indivis d'un canton d'eau et pêcherie*

(1) *Terrier de la sénéch. de Nantes de* 1678, vol. X, p. 412 (Arch. dép., B).

tant de cénage, encrocs, encrolages que autres tessures quelconques, nommé le Petit Marais, *étant entre le marais de Monceau, le lac de Grandlieu, les eaux et pêcheries de Blanche-Lande, et la bouche de la Boulogne.* »

« *Item la tierce partie d'une étendue d'eau et pêcherie nommée vulgairement* Blanche-Lande (1), *tant de cénage, encrolages, garnis que autres tessures quelconques scises entre les eaux du Petit-Marais, le lac de Grandlieu, la Bresse, Port Chesnon et un rivage appellé* l'Arche. »

« *Item, la tierce partie d'une bresse, marais et pescherie nommées vulgairement* Chesneau, *entre les bornes cy devant, pour y couper le tiers et y pêcher à toute tessure, tant de cénage, encrolage que autres.* » (2)

Ailleurs, le seigneur de l'Arsangle résume « ses beaux droits de pêche » en disant qu'ils contiennent une demi-lieue de long ou environ. Au Sud, dans le fond du Lac, la famille Juchault avait la jouissance et la propriété des alluvions et pêcheries des Jamonnières depuis les marais de la Moricière jusqu'aux marais de Saint-Lumine.

« *Un marais appelé le marais de la Moricière, contenant* 316 *journaux de terre tenant le lac de Grandlieu au soleil levant, et ailleurs les eaux et pescheries de la Moricière appelées le* Culet ; *auquel marais et égouts du lac de Grandlieu, rivière de Boulogne et culet, led. seigneur a droit d'écluses et de pescheries avec cines, tramails et autres retz pour prendre poisson.* » (3)

Les deux communautés d'habitants de Saint-Mars et de Saint-Lumine elles-mêmes déclarèrent, en 1580, qu'elles possédaient des droits de pêche qui furent confirmés par un arrêt de la Cour souveraine du 22 avril 1683 (4).

Le même partage de jouissance existait pour les do-

(1) Au xve siècle, le seigneur de Monceaux avait aussi un tiers dans les pêcheries de Blanche-Lande (E 1330, Arch. dép.).

(2) *Extrait d'un aveu de* 1581 (Arch. dép., E suppl. Huguetières, inv. f° 27-29).

(3) *Terrier de* 1678, XII, f° 529, Arch. dép., B).

(4) *Ibidem*, C 115.

maines échelonnés sur les bords de la Chenau. On sait, par exemple, que le seigneur de Briord pouvait tendre ses engins depuis Pilon jusqu'au confluent des Trois Chenaux, en face du Butay.

Nous avons parcouru le vrai quartier de la pêche, en allant de Bouaye à Saint-Philbert par Saint-Aignan et la Chevrolière. Là s'étendent des grèves en pente douce où les engins sont faciles à tendre et à retirer, tandis que sur les territoires de Saint-Mars et de Saint-Lumine les vases accumulées sur de grandes profondeurs sont une gêne pour les pêcheurs. Les grèves sont plus agréables que les vases, elles ont fait naître dans leur entourage ces châteaux et ces beaux domaines qui sont la parure du Lac.

IV

Le droit de pêche féodal appelé *lief de poisson*

La Féodalité a tout englobé, les droits de pêche comme les droits de chasse, de four et de moulin, elle a voulu que le seigneur exploitât la pêche lui-même ou affermât ses droits journaliers de propriétaire foncier, et qu'ensuite périodiquement il exigeât une reconnaissance solennelle de la part de ses tenanciers qui leur fît sentir le lien féodal. Le droit de pêche féodal se nommait *le droit de lief*, parce que les filets et engins se levaient en présence du seigneur, sous son contrôle. Il était plus ou moins long en durée, suivant l'importance du seigneur.

Le droit de lief du seigneur de Vieillevigne s'exerçait chaque semaine de carême et même de la Chandeleur à Pâques, dit le texte, seulement dans les deux cantons que j'ai déjà cités, tandis que le droit ordinaire s'exprime par le terme de *droit de pêche quand bon lui semble*.

Dans la seigneurie de l'Arsangle, paroisse de la Chevrolière, nous voyons que le *droit de lief* se pratique aussi une fois l'an, entre la bouche de la Boulogne et le port Aubert de Passay, dans la nuit du dernier jour de l'année, à la condition de le rappeler à ceux qui ont l'habitude de pêcher avant le soleil couché.

Les pêcheurs des eaux sont obligés de tendre leurs engins et, quand ils sont levés, le produit appartient au seigneur de l'Arsangle en vertu de son *droit de lief*. Ceux qui manquent à ce devoir paient une amende et sont exposés à une saisie (1).

Les plus petits seigneurs avaient une part dans ce tribut féodal ; ils étaient heureux de jouir d'une portion quelconque de la puissance publique, à quelque degré que ce fût. Jean de la Noë, seigneur de la Noë, paroisse de la Chevrolière, déclare en 1392 qu'il tient de la seigneurie des Huguetières les deux parts d'*un lief* en l'Ognon, une fois par an, sur tous les engins qui y sont mis pour prendre poisson dès le Pont-Saint-Martin jusque à la Lambredière, venant à Trejet. Plus explicite, l'acte de vente de la terre de la Noë, en 1660, dit que l'acquéreur peut requérir, un jour et une nuit par an, à son choix, les pêcheurs de Saint-Philbert, de Pont-Saint-Martin et de la Chevrolière (2).

Le propriétaire du tenement de l'Angle, même paroisse, avouait, en 1649, qu'il tenait les deux parts d'un quart *en un lief*, une fois l'an, des encros et engins pour prendre le poisson entre le Pont-Saint-Martin et la Lebaudière (3).

Du côté de Cheix, dans les eaux de la Chenau, le seigneur de Malnoë prévenait une fois l'an, au moyen d'une trompe, le pêcheur d'une certaine écluse. Celui-ci tendait ses filets après les avoir mis en bon état et remettait

(1) *Aveu de l'arsangle de* 1581 (Arch. dép., E suppl. *Huguetières*. Inv. f° 13, 27-29).

(2) *Ibidem*. Inventaire, f° 1. Voir aussi minutes de Lucas, notaire à Nantes, 1860.

(3) *Ibidem*, f° 12.

la clé de son bateau à son seigneur qui faisait lever les engins après le délai prescrit (1).

Pour le seigneur du Trejet, le *droit de lief* durait 24 heures et se pratiquait à l'embouchure de l'Ognon depuis « la goule de Grandlieu jusqu'au Pont-Saint-Martin ». Les pêcheurs en possession d'écluses et d'encrolages dans l'Ognon étaient tenus, une fois l'an, de « tendre leurs retz, encros, écluses et engins incontinent « que les seigneurs leur feront commander sur peine de « confiscation de leurs retz et encroz qui seront tendus « après l'assignation faite dudit lief. » Au bout de 24 heures, les filets étaient levés et le partage du poisson avait lieu tiers à tiers, entre les seigneurs et les pêcheurs.

La procédure n'était pas différente sur le Tenu, dans le ressort de la seigneurie d'Ardenne, le lief s'y exerçait sur toutes les écluses et pêcheries établies depuis l'écluse de la Houette, vis-à-vis le marais de la Chapelle de la Sauvagerie, jusqu'à l'écluse du recteur de Saint-Léger et aux pêcheries de la Tour (3). Cette similitude de régime paraît indiquer que toutes ces inféodations sont d'une date contemporaine et émanent d'une seule source : la chancellerie royale.

A priori, nous avions conçu une organisation féodale toute différente où dominait la volonté d'un seul arbitre, nous ne voyions qu'un seigneur occupant la surface entière des eaux et absorbant tous les revenus. Aujourd'hui, nous sommes obligé de reconnaître que la plupart des châtelains et des propriétaires établis à proximité du Lac, agissaient par une délégation de la Couronne ou du seigneur des Huguetières et que la domination du seigneur de Vieillevigne sur les eaux du Lac commençait seulement là où finissaient les concessions de ses rivaux, c'est-à-dire au centre du bassin seulement.

(1) Arch. dép., E 374.
(2) Arch. dép. E Huguetières. Inv. de titres. *Aveu de* 1561.
(3) *Terrier de* 1678, vol. VIII, p. 194.

CHAPITRE VI

A qui appartenait le lac sous l'ancien régime

Revue des possesseurs et seigneurs

de Grandlieu.

Définition de la nature de ce domaine.

Examen et discussion des titres produits

par les prétendants.

I

Revue des possesseurs et seigneurs de Grandlieu

Le but du présent chapitre est de définir la nature incorporelle de la seigneurie de Grandlieu et de montrer comment la Féodalité est parvenue à se substituer au pouvoir royal dans l'administration de ce domaine public.

Le premier fait bizarre à constater, c'est l'union constante de l'étiquette du Lac avec celle de la seigneurie de Vieillevigne, sans qu'on connaisse l'origine du lien. On n'a pas rencontré de personnage s'intitulant seulement seigneur de Grandlieu, ni de château du même nom. C'est toujours le seigneur de Vieillevigne qui est en possession de Grandlieu et qui jouit des prérogatives du titre jusqu'au XVIIe siècle, c'est l'indice que Grandlieu représentait une juridiction et non une seigneurie incorporée à une autre par fusion.

J'avais d'abord pensé que Grandlieu représentait la seigneurie paroissiale de Saint-Philbert-de-Grandlieu, territoire voisin du Lac, mais j'ai dû renoncer à cette hypothèse. Comme toutes les paroisses de Bretagne, celle-ci avait un seigneur dominant qui portait son nom, les archives des abbayes de Geneston et de Buzay contiennent la preuve de ce fait ; plusieurs personnages du XIIe siècle se dénomment *X. de Sancto Philiberto ;* au XIIIe siècle, quelques-uns sont seigneurs de Machecoul et de Saint-Philbert (1). Aucun ne prend la qualité de *seigneur de Grandlieu* avant 1504.

(1) *Titres des abbayes* (Arch. dép., H 74 et *passim*). V. aussi *Cart. du Ronceray*, pp. 263 et 273.

La seigneurie de Vieillevigne était liée au domaine du Lac par une inféodation que nous ignorons, mais que nous sommes obligés de supposer comme une nécessité légale, en voyant se dérouler la suite des événements qui composent le passé du Lac. Le plus vieux nom qui se présente à nous est Milet de Machecoul, un cadet de la fameuse famille des Machecoul, représentée au XIIe siècle par Raoul Ier de Raiz, époux de Marie Talvas (1). Ce Milet était arrivé à la possession du Lac par son mariage avec Jeanne Gastinel, qui était fille de Jean *Guastineau* (2) (et de Marguerite de Brenezay), qui s'intitule seigneur de Vieillevigne en 1359, lequel devait avoir pour ancêtre un autre Jean Gastineau, qualifié varlet, qui prend le titre de seigneur de Vieillevigne et de la Poçonnière en 1290, dans une confirmation de vente entre les frères Bréant (3). Ces relations des Gastineau avec le Lac sont encore attestées par la conservation de leur nom dans le cadastre des terres. Il existait un *marais Gastineau* qui rappelait sans doute une concession ancienne faite à certains riverains (4). Les seigneurs qui lui ont succédé sont :

MILET DE MACHECOUL.

GIRARD DE MACHECOUL.

JEAN DE MACHECOUL.

LOUIS DE MACHECOUL.

TRISTAN DE LA LANDE-MACHECOUL.

FRANÇOIS DE LA LANDE (5).

Le dernier des Lalande-Machecoul, qui mourut vers 1656, n'eut que des filles qui portèrent la seigneurie de Vieillevigne-Grandlieu aux La Chapelle, aux de Thiange,

(1) *Aveu de* 1387. Arch. dép., B.— *Cartul. des sires de Retz*, par R. Blanchard, pref.

(2) On conserve le sceau de *Johan Guastineau* au Musée archéologique, S VI, n° 15. — FILLEAU. *Dict. hist. et généal. des anc. familles du Poitou*. L'auteur n'a pas justifié l'addition de Grandlieu.

(3) *Titres de l'abbaye de Geneston* (Archives dép., H 74).

(4) Rôle rentier du XIVe siècle (Arch. dép., B 1888).

(5) *Aveux au roi* (Arch. dép., B. Chambre des Comptes).

aux de Crux, aux Mortemart, aux Rochechouart, pour peu de temps. Le premier marquis de Juigné qui fut appelé à jouir des produits de Vieillevigne et du Lac, sous Louis XV, après son cousin, était le petit-fils de Louise-Henriette de Crux, fille de Louise de Machecoul. La régie du Lac est donc restée dans la même lignée pendant six siècles et s'est transmise par les femmes.

Les Laval étaient ambitieux, ils avaient jeté un regard d'envie sur le Lac et stipulé avec François de la Lande qu'il serait attaché aux Huguetières s'il décédait sans héritiers (1). Cette éventualité ne se produisit pas, cependant le souvenir de l'arrangement demeura si vivant que M. de Brie-Serrant, le dernier possesseur du duché de Raiz (1780), crut que la propriété des Huguetières lui conférait des droits sur le Lac. Je ne vois pas d'autre explication à l'opposition qui empêcha M. de Juigné d'être envoyé de suite en possession du Lac au moment de la rentrée des Emigrés (2). L'arrêté du 21 germinal an XI lui restitue le domaine du Bois-Rouaud et retient *l'étang de Grandlieu*, en lui enjoignant de produire ses titres. Cette restriction était motivée, dit Huet, par une contestation soulevée par M. de Brie-Serrant sur la propriété du fond du Lac.

II

Nature de la seigneurie et du domaine du Lac

Le problème le plus difficile à résoudre en l'absence des titres primordiaux de l'envoi en possession consenti

(1) *Accord du 20 janvier 1469 entre Guy de Laval et Francois de la Lande* (Arch. dép., E 521).

(2) *Demandes en restitution*. Leclerc de Juigné, Q 639. Arch. dép. « Le couvent de Buzay n'a jamais eu de droit sur l'étang de Grandlieu. Je le tiens par héritage de mes ancêtres », dit M. de Juigné.

aux seigneurs de Vieillevigne, est celui de savoir dans quelles conditions le Souverain a autorisé la famille de Machecoul à exercer des droits très étendus sur un lac où la famille de Laval paraissait déjà bien établie. La prééminence du seigneur de Vieillevigne sur les autres n'est pas incontestée, on croit voir des prétendants audacieux se disputer une successicn vacante.

Il y a peu de différence dans la situation hiérarchique des seigneurs de la contrée, ils tiennent tous le même langage, même dans la vallée du Tenu, où les rois mérovingiens étaient souverains. Le seigneur d'Ardenne déclare, en 1678, que la rivière du Tenu, qui est un cours d'eau navigable, *dépend de la maison d'Ardenne* et qu'elle « est *deffensable* à toute personne sans la permission dud. « seigneur, depuis le Chesne aux Corbins jusques au « coing des Vieillevignes de Belouères, paroisse de Saint- « Mars-de-Coutais. »

Plus loin, le seigneur de Saint-Mars se vante d'avoir la moitié de la rivière (1).

Pour se rapprocher de la vérité, il est nécessaire de se remémorer la topographie de cette singulière propriété qui ne ressemble à aucune autre ; elle ne peut être isolée et conférée en fief à un favori sans de nombreuses restrictions, car elle est liée au sort des rivières qui l'environnent. Puisque ce bassin sert de déversoir à l'Ognon, à la Boulogne et au Tenu, et que leurs eaux doivent passer par la Chenau, seul émissaire du lac, il faut nécessairement un gérant unique pour tous ces cours d'eau, autrement il y aura désaccord et trouble dans la jouissance. Ce gérant unique ne peut être que le Souverain, car l'autorité publique seule peut être assez forte pour maintenir l'équilibre des rivalités.

L'histoire des moulins de Pilon sur la Chenau est là pour nous instruire. Le duc de Bretagne qui les avait

(1) *Terrier de* 1678, vol. VIII, f° 194. Le mot *deffensable* est du langage du vieux droit, il signifie que la chose est revendiquable par celui qui en jouit.

établis, ayant reconnu qu'ils nuisaient à l'écoulement des eaux du lac et du Tenu, consentit à les supprimer au XIVe siècle. Il jugea qu'il avait droit à une indemnité et se retourna du côté des propriétaires riverains du Lac en leur réclamant une *taxe* de *plus-value* qui fut acceptée et donna lieu à la confection de rôles bien connus, ce sont les rôles de la *rente des Retraits de Pilon*, qui ont été mis en recouvrement jusqu'en 1789 par les agents des Domaines (1). Tous les héritages qui profitèrent de l'abaissement des eaux du Tenu y furent inscrits, mais on y chercherait en vain les ascendants de la famille qui jouit aujourd'hui de la propriété du Lac. Si, au moment de la destruction des moulins, le bassin avait été entre les mains d'un seigneur unique, inféodé du fond et de la surface du lac, nul doute que le Duc de Bretagne n'eût conclu une transaction *directe* avec lui.

Quand on passe en revue tous les actes des souverains qui s'appliquent au Lac ou à ses affluents, il est impossible d'admettre qu'ils se soient jamais dessaisis totalement de leurs droits au profit d'un particulier quelconque. C'est Sigebert III qui installe les religieux des Ardennes à Saint-Mesme, c'est Louis le Débonnaire qui appelle les religieux de Saint-Mesmin de Micy et de Saint-Philbert-de-Grandlieu, au IXe siècle ; c'est le comte de Nantes Conan qui, au XIIe siècle, octroie la pêche du Lac à l'abbaye de Buzay. François Ier et ses successeurs ordonnent des enquêtes sur les moyens de faciliter l'écoulement des eaux et envoient des ingénieurs ; les tentatives de desséchement sont concédées à des particuliers et poursuivies pendant tout le cours du XVIIIe siècle sans qu'on se préoccupe des intérêts d'un propriétaire dominant. M. de Creux, l'ancêtre des prétendants actuels au titre de propriétaire du lac, ne figure dans l'enquête de 1712 que sur un rang effacé. De tous ces faits on est obligé de conclure que l'Etat était, en 1790, le légitime

(1) Voir le Terrier de 1678 au vol. VII et dans bien d'autres la nomenclature des terrains nommés les *Retraits* (Arch. dép., B.).

successeur des ducs et des rois qui ont légiféré et confirmé les concessions primitives.

L'histoire de la pêche elle-même n'amène pas à d'autres conclusions, car on voit ce produit réparti entre les mains de propriétaires fonciers qui tiennent leurs droits de leurs domaines et non de la volonté d'un détenteur autorisé à exercer un monopole, ou d'un fermier général.

Nous ne pouvons tout expliquer. Rigoureusement, puisque le Lac était navigable et soumis à l'autorité des Maîtres des Eaux et Forêts, nous devrions être en présence d'un régime analogue à celui de la Loire, les pêcheurs devraient tous être enrôlés sur les livres des agents du Domaine royal et payer une redevance annuelle. Sur le lac de Grandlieu et dans toute la vallée du Tenu, la Royauté s'est trouvée en face de seigneurs si puissants et si nombreux qu'elle paraît avoir hésité à les poursuivre et à les contraindre à rentrer dans le droit commun ; cependant, il est certain que, dans plusieurs circonstances, elle a ordonné la destruction des pêcheries et approuvé les ingérences des Maîtres des Eaux et Forêts dans les affaires contentieuses du Lac (1).

Quand le fond du bassin s'est envasé et transformé en *polder*, sur les rives de Saint-Lumine et de Saint-Mars, les atterrissements ont été concédés par les Ducs de Bretagne aux habitants et sont tombés ensuite dans le domaine royal. On ne peut donc pas dire que le bassin du lac de Grandlieu a été inféodé à un seul seigneur *avec tout son fond*. Cette expression employée dans les aveux des premiers seigneurs de Vieillevigne ne s'explique pas pour ceux qui ont compulsé leurs archives, car s'ils entendaient dire qu'ils étaient propriétaires de tous les terrains couverts par les eaux, ils auraient dû produire quelques arrentements consentis par eux à des riverains ;

(1) « Ordonne de démolir les écluses et pescheries, paulx et pieux plantés dans le cours du lac de Grandlieu et du Tenu comme elles le furent en 1572 par exécution de l'ord[ce] de Charles IX. » (*Arrêt du Conseil d'Etat* du 14 févr. 1712).

or, je n'ai jamais rencontré de recettes de cette nature à leur profit. (1)

Il est également très difficile de faire concorder le sens des actes qui composent le dossier de cette singulière propriété. Un jour, c'est une transaction qui établit qu'en 1377, le seigneur de Vieillevigne a acquis de l'abbaye de Buzay le droit de pêcher à la senne, le lendemain, c'est un arrêt du Conseil ducal de 1386 qui déclare que ses ancêtres jouissaient du Lac et qu'il en jouira de la même manière. Quand on est propriétaire d'un lac ou d'un étang, on est ordinairement dispensé de solliciter une permission pour y prendre du poisson. Tantôt, le seigneur de Vieillevigne se fait modeste et cite simplement son pouvoir judiciaire, tantôt il vante l'étendue de son lac qui a sept lieues de tour et ne supporte aucun concurrent dans l'exercice des droits de propriété. Cette diversité d'attitudes fit naître forcément plus d'une contestation dans le cours des âges. Voyons sur quels fondements les demandeurs appuyaient leurs prétentions.

III

Examen et discussion des titres produits par les possesseurs du lac

La question de savoir si le Lac est une propriété particulière ou une partie du domaine public a été agitée, il y a fort longtemps ; elle a été soumise dès le XIVe siècle aux délibérations du Conseil ducal, à la suite d'une saisie opérée par les officiers du Duc, qui prétendaient conserver la jouissance de ce bien au nom de leur maître, à l'occasion de la perception de l'impôt appelé *rachat*.

(1) B 1889-1896, Arch. dép.

C'est là du moins ce qu'on peut supposer en présence du laconisme des actes. Leur argument principal était dans le fait de l'existence d'une ville nommée *Herbauge* enfouie dans le Lac et qui se trouvait retranchée du domaine ducal, tandis que Milet de Machecoul, le possesseur au nom de sa femme, revendiquait le bassin du Lac comme héritage des Gastineau, dont la possession, croyait-il, remontait à un temps immémorial.

Il paraît que le duc Jean IV fut touché par les raisons de son vassal, car il ordonna à ses officiers de « délivrer le Lac à Milet pour en user paisiblement ainsi comme eux et leurs ancêtres soloient faire au temps passé » (1). Il ne juge pas le procès au fond, il conserve l'usage tel qu'il est notoirement établi. C'est un acte fort important dont on voudrait avoir la teneur originale pour la discuter, car il a été invoqué par la famille de Juigné comme le titre fondamental de ses droits de propriété sur le Lac. Ce que nous en connaissons n'est pas assez correct et assez explicite pour nous éclairer sur la nature de la concession faite par le Duc. Certaines expressions ne sont pas conformes au langage du temps, elles ressemblent à des interprétations ou à des traductions fantaisistes. Voici le dispositif : « *Pourquoi, nous qui ne voulons aucunement empescher les droits d'autruy, ains désirons que chacun jouisse du sien, ainsi que faire le doit de raison, avons mis et par ces présentes mettons ledit lac et ses appartenances audit Milet et sa femme et délivrer pour en jouir et user paisiblement ainsi comme eux et leurs ancêtres soloient faire au temps passé.* » (2)

L'année 1386 (v.s.) est celle de la date du plus ancien aveu au Duc, de celui qui a été bâtonné pour surcharge et qui ne portait pas dans le principe *la mention du lac de Grandlieu* ; on est donc fondé à croire que le mandement ducal a été provoqué par une discussion sur la

(1) Communication de titres par M. de Juigné.
(2) Extraits d'une procédure de 1836 et des conclusions de l'avoué de MM. de Juigné (Cabinet de M. Simon, avoué).

consistance de la succession de J. Gastinel, femme de Milet de Machecoul, qui venait de mourir et dont les héritiers devaient faire une déclaration au fisc. Il s'agissait de savoir si les seigneurs de Vieillevigne, ancêtres de J. Gastinel, avaient été inféodés du droit de justice sur les pêcheurs du Lac, ou bien inféodés du bassin foncier et des eaux du même lac. Dans le premier cas, ils recevaient simplement les profits et honneurs d'une charge publique ; dans le second, ils étaient investis d'un fief patrimonial et réel, semblable à tous les autres fiefs, dont jouissaient les seigneurs en toute propriété. La chose valait la peine d'être expliquée tout au long, puisqu'il s'agissait d'un domaine immense de sept lieues de tour. On est très surpris de ne pas trouver plus de clarté dans la concession de 1386 et encore davantage de ne pas lire *une mention contemporaine de* 1386 dans la déclaration au Roi déposée à la Chambre des Comptes. On a dû attendre la fin du débat pour corriger cette déclaration.

D'un autre côté, si cette pièce capitale a été une concession claire de la propriété du lac, comment se fait-il qu'elle n'ait jamais été produite dans les occasions solennelles ?

L'arrêt du Conseil ducal, pièce capitale, qui aurait dû être mis en vue en toute circonstance, à défaut de l'acte d'inféodation, est resté longtemps dans l'ombre, je ne sais pourquoi. Le marquis de Creux le fit sortir de ses cartons au moment de l'enquête de 1712, quand il s'agissait simplement de l'évacuation des eaux. Voici les allégations de son intendant :

« *Lequel a dit et soutenu que led. seigneur marquis de Creux et ses prédécesseurs ont toujours été seigneurs et propriétaires tant* du fond que superficie du lac *de Grand-lieu* ; »

Que ce lac a toujours été dans sa famille au delà de toute la connoissance que les titres particuliers et les histoires de la province en peuvent donner, ainsi qu'il paroit justifié par un arrêt authentique rendu au Conseil de Jean IV duc de Bretagne en date du 14 *février* 1386 ; »

« *Que sur ce lac ledit seigneur marquis de Creux y a cour et juridiction, haulte, moyenne et basse, création d'officiers, rachats, lods et ventes et autres droits et devoirs seigneuriaux* ; »

« *Que ce lac doit avoir sept lieues de tour..... entre les paroisses de la Chevrollière, Saint-Philbert-de-Granlieu, etc.* ; »

« *Que dans ce lac, il a droit de pêche, de faire pécher et prendre poissons avec toutes espèces de retz, avec droit de bailler telle maille que bon lui semblera et icelle visiter quand bon lui semblera et non autres* ; — *avec le droit de tirer lesd. sines et garnilles qui seront mises au lac pour prendre poissons sur les terres desd. paroisses adjacentes au lac et essever* (1) *icelles sines et garnilles sur lesd. terres et suivre* l'eau de son dit lac *jusqu'aux lieux où elle pourra aller et s'étendre* ; »

« *Que lui et ses auteurs sont inféodés vers le Roi dudit lac avec tous les susd. droits, suivant un grand nombre d'aveux rendus au Roi et qu'il a quantité d'autres actes, arrêts et pièces justifiant sa propriété du lac* (2) ».

A propos des excavations qu'on serait peut-être tenté de pratiquer dans la grève du Butay, le même agent proteste d'avance en disant que son « maître ne le souf-
« frira pas, ne le considérant pas tant par rapport à son
« revenu que par rapport à ce que *c'est une pièce curieuse*
« *au milieu de ses terres* et le plus beau lac qu'il y ait en
« France. »

Cet agent d'affaires était assurément un gascon qui désirait beaucoup se faire valoir en grossissant l'importance du propriétaire, car sa narration est pleine d'enflure. Il aurait été fort embarrassé si on lui avait demandé de montrer où étaient les biens du marquis de

(1) Faire sécher.

(2) *Procès-verbal d'Enquête de* 1712, 6 juin, dressé par M. de Boussineau, impr., p. 13 (Archives du Syndicat du Canal de Buzay).

Creux sur les rives du lac. La Sénégerie elle-même, que les seigneurs de Vieillevigne avaient possédée au XVe siècle, était entre les mains des Biré.

L'arrêt du Conseil de 1386 ne paraît plus que dans une procédure récente de 1836. Le vrai moment de le mettre en lumière était pendant la période de la réformation du terrier royal du Domaine, sous Louis XIV. Alors, les plus grands seigneurs comme les plus petits tiraient de leurs chartriers leurs titres les plus vénérables et les soumettaient à la critique des commissaires réformateurs qui ne manquaient pas de les viser dans leurs sentences et bâtonnaient impitoyablement toutes les allégations qui n'étaient pas justifiées par la production du titre originel.

La propriété du lac de Grandlieu était assez importante pour que les réformateurs du terrier de 1678 se montrassent exigeants sur tous les points qui étaient de leur compétence, par exemple sur sa situation féodale, sur ses revenus fonciers ou autres, sur les redevances dont il était grevé envers la Couronne, sur l'origine et l'étendue de la juridiction qui s'exerçait sur ses eaux. On est très surpris du laconisme du rédacteur et de la brièveté des injonctions qui lui furent adressées. On dirait qu'il s'agit d'une simple métairie noble. Voici en substance comment cette déclaration de 1679 est rédigée :

« *Déclaration de la seigneurie du lac de Grandlieu, appartenant à lad. dame,* à cause de sa seigneurie de Bougon, *à raison de laquelle seigneurie lui appartient et a droit de cour et juridiction haute, moyenne et basse, avecq droits de rachapts et sous rachapts, ventes et lodes et tous autres revenus et droits, laquelle juridiction est cy-après :*

« *C'est à sçavoir un lac ou estang appellé* le lac de Grandlieu, *avecq ses appartenances et despendances, contenant sept lieues de tour ou environ, en l'evesché et juridiction royale de Nantes, entre les terres des paroisses de la Chevrolière, Saint-Philebert de Grandlieu, etc..., auquel lac la dame de Bougon fait pescher et prendre ordinairement poissons avecq toutes espèces de retz, cisnes, lignes, garnils et autres filets et tessures, avecq droit de bailler mailles telles que bon luy semblera, et icelles visiter ou faire visiter par ses officiers lors et quand bon luy semblera.* » (1).

Elle ajoute qu'elle peut tirer ses filets sur les terres des paroisses adjacentes, les faire sécher et suivre l'eau du lac partout où elle pourra s'étendre.

Dans les autres aveux antérieurs, la seigneurie du lac de Grandlieu apparaît toujours comme une annexe de la seigneurie de Vieillevigne, il y avait là comme une obligation imposée par un acte d'inféodation. En 1678, elle est dans la dépendance de la seigneurie de Bougon, qui est en Bouguenais, sans qu'on sache pourquoi et sans que l'acte contienne la moindre explication sur ce changement de ressort. (2)

Il paraît que l'archiviste des Machecoul était peu riche en documents, c'est là son excuse. On devine ses embarras en voyant la dame de Bougon susdite présenter une requête à la Chambre des Comptes pour obtenir des collationnés des aveux produits par ses ancêtres depuis le XIVe siècle. En les parcourant, elle put apercevoir le bâtonnage (3) que le commissaire du Roi venait d'opérer sur le premier, dans l'endroit où on avait ajouté la citation *du lac de Grandlieu* en addition non approuvée. Quel usage a-t-elle fait de ces collationnés pour sa défense ? Nous l'ignorons. Ils n'ont pas eu d'influence sur la rédaction des actes postérieurs. Les revendications de **1678** se retrouveront avec les mêmes expressions dans tous les aveux qui seront envoyés par chaque génération

(1) *Déclaration de* 1679. Terrier de la sénéch. de Nantes, vol. X, p. 337 (Arch. dép., B 1878 et 1879). La sentence qui suit ne dit rien du lac.

(2) Dans le partage des enfants de Gabriel de Machecoul du 23 avril 1673, je vois que Bougon, Grandlieu, les rentes, fiefs et juridictons sont estimés à 137.500 livres de rente. (*Minutes du notaire Houet, à Nantes*, 1673 : Chambre des Notaires.)

(3) Ce bâtonnage fut fait au cours d'une vérification générale et non spécialement pour son cas.

aux receveurs des Domaines dans le cours du XVIIIe siècle; elles sont accueillies avec indifférence par les employés (1), qui n'ont pas à revenir sur le travail de la Réformation du terrier. Si on avait protesté, l'intendant du Lac aurait fait remarquer que, depuis 1660, les déclarations affirment que la propriété a 7 lieues de tour, que le possesseur est fondé à prendre toute sorte de poissons, à tirer ses filets sur tous les rivages, à surveiller la largeur des mailles et à suivre l'eau du Lac partout où elle va.

Comme il s'agissait d'une propriété toute en eau, il est probable que les Maîtres des Comptes ne se reconnaissaient pas compétents en cette matière délicate et qu'ils aimaient mieux renvoyer l'examen des prétentions des Machecoul et de leurs descendants devant la Maîtrise des Eaux et Forêts. En général, les Chambres des Comptes laissaient les questions de propriété aux tribunaux ordinaires et se réservaient simplement ce qui touchait au cadastre féodal, à la conservation des droits du Roi, aux titres honorifiques, aux limites et à la hiérarchie des fiefs.

Les Maîtres des Eaux et Forêts eux-mêmes s'occupaient plutôt des délits, des abus, des malversations et des coupes de bois. « Les procès qui regardent nos Eaux » et Forêts, îles et rivières, seront jugés en 1re instance » par le siège de la Table de Marbre et en appel, par la » Cour de Parlement, *quand ils concerneront le fonds et* » *propriété de nos eaux et forêts.* » (2)

Quand les héritiers d'un seigneur apportaient un aveu à la Chambre des Comptes, les conseillers se bornaient à vérifier si le nouveau titre était conforme aux précédents. Voyons ce qui s'est passé pour le Lac. Le plus ancien aveu invoqué dans les procès émane de Milet de

(1) En 1756, le receveur des Domaines reçut copie pour la recette du rachat et dit dans son récépissé de l'aveu que *c'est sans approbation d'icelui et sans préjudice de tous les droits du Roi.* » (Arch. dép., B 1909.)

(2) *Edit du 28 janvier* 1664.

Machecoul, à la date de 1387, et il se trouve que le corps de l'acte ne fait pas mention du Lac. A la fin seulement, on lit en caractères du xve siècle : « *Item le lac de Grandleu o tote jurid. haute et basse o ses appartenances* ». Cette addition a été bâtonnée par un commissaire du Roi, il n'est donc pas possible d'en tenir compte (1). En effet, il est surprenant qu'on ait attendu un siècle pour réparer cette singulière erreur, s'il y avait omission.

L'aveu de 1426 porte : « *un lac vulgalement nommé* « *le lac de Grandlieu o tout son fons et appartenances.* »

Les limites sont indiquées par les noms des paroisses, le revenu est estimé 60 livres auxquelles on ajoute certaines rentes perçues sur des pêcheurs qui ont des concessions de bouchaux, écluses, etc. Le déclarant revendique aussi le droit de pêcher quand bon lui semble sur laculée de Passay. Enfin, il a, audit Grandlieu, cour, juridiction et haute justice, d'une valeur de 5 sous, les gallois et épaves (2).

Les aveux de 1444 et de 1460 emploient encore les expressions *le lac o tout son fond,* mais le second ne parle pas de juridiction. Même lacune dans l'aveu de 1466 et dans celui de 1504, mais l'acte de 1466 attache une grande importance aux pêcheries qui se font avec « sennes, garnils, barges et autres choses », et qui rapportent jusqu'à 449 livres, 2 sous, 2 den. par an. Ces chiffres et ces affirmations étaient acceptés par les receveurs du Domaine sans contrôle, ils leur servaient d'indication pour la perception du rachat. Ce sont des déclarations pareilles à celles que nous faisons aujourd'hui, à chaque décès, dans les bureaux de l'Enregistrement. On conçoit alors pourquoi une sentence de la Chambre des Comptes n'aurait qu'une mince portée dans une contestation de propriété concernant le lac de Grandlieu. Un arrêt du

(1) Ce commissaire était venu à Nantes pour relever tous les faux commis dans les Archives de la Ch. des Comptes à la suite de l'arrestation d'un faussaire, en 1680.

(2) Arch. dép., B 1878.

Parlement ou une sentence de sénéchaussée aurait une plus grande valeur parce que ces Cours exigeaient la production de titres réels comme des lettres de souverain, des prises de possession ou des actes d'inféodation et des enquêtes.

Le seul arrêt connu ne nous apporte aucune lumière sur la question de propriété du fond du Lac, puisqu'il tranche seulement une question de compétence. Les Maîtres des Eaux et Forêts sont déboutés du droit de réglementer la police de la pêche du Lac en 1re instance; c'est Gabriel de Machecoul qui est maintenu « en la propriété, possession, jouissance et *exercice de juridiction* du lac de Grandlieu. » (1)

Les termes sont un peu ambigus, il faut le reconnaître, pour la foule. Si le greffier de la Cour avait été moins verbeux, il se serait borné à dire que G. de Machecoul était maintenu dans son rôle de justicier du Lac par la possession de la juridiction. Il suffit, pour s'en convaincre, de lire la requête introductive de la cause : Gabriel de Machecoul est « appelant des sentences, taxes et » amendes infligées par le Grand Maître des Eaux et » Forêts..... et par ce moyen ont rendu inutiles les » droits et revenus qui doivent revenir au seigneur « de V. »

Déjà, en 1607, un arrêt avait maintenu sa « mère dans ses droits de police et de justice sur ledit lac. » (2)

Je n'ai jamais pensé que le seigneur de V. ait obtenu par son inféodation des droits plus étendus. Son cas était bien moins avantageux que celui de l'Evêque de Nantes, par exemple, dont le fief était immense ; il était en possession *réelle* des étangs d'Erdre depuis Barbin jusqu'à Petit-Mars, car il était le haut seigneur des paroisses riveraines, *des deux côtés*, il pouvait montrer ces eaux comme englobées réellement dans ses domaines, il était le pro-

(1) On aimait autrefois les redondances. Il faut lire : *propriété de la juridiction*.
(2) Arch. dép., C 116.

priétaire de la chaussée et des moulins de Barbin, il pouvait faire courir l'eau à son gré.

Pour le seigneur de Vieillevigne, le cas du lac de Grandlieu était tout différent, puisqu'il n'exerçait pas de seigneurie et ne percevait aucun cens féodal sur les rives du bassin. Le public ne faisait pas toujours cette distinction, il assimilait le lac aux domaines terriens et déduisait le droit de propriété foncière du droit de juridiction comme deux choses indivisibles, oubliant que la Féodalité avait inventé les fiefs en l'air ou incorporels. Dans la plupart des cas, chacun était juge chez soi, on achetait la justice quand on acquérait un domaine. On comprend tout le parti que les Machecoul pouvaient tirer de cette jurisprudence et les illusions qu'elle devait produire sur des esprits peu éclairés, comme étaient certains chargés d'affaires. Je ne serais pas éloigné de croire que les intendants de la châtellenie de Vieillevigne, arrivant dans le pays, et se trouvant en face de la gestion des intérêts du Lac de Grandlieu, aient défendu la thèse de la propriété foncière avec une conviction sincère en faveur de leur maître, d'autant mieux que les agents du Roi étaient peu agressifs.

Ceux-ci avaient pourtant sous les yeux un office analogue à la charge de justicier du Lac dans la fonction de *sergent féodé* que remplissait le seigneur d'Ardenne en Sainte-Pazanne, au ressort de la vicomté de Loyaux appartenant à la Couronne (1). Tout propriétaire de la seigneurie d'Ardenne était comptable des cens, rentes et rachats dus par les vassaux du Roi dans le pays de Raiz, il avait aussi des fonctions de police par le contrôle qu'il exerçait sur les mesures de longueur et de capacité. Ses services étaient payés par le prélèvement de quelques taxes les jours de foire et de marché. Dans le monde féodal, des situations semblables se rencontraient à chaque

(1) « Le seigneur d'Ardenne est sergent féodé du Roi ès paroisses de Fresnay, Sainte-Pazanne et Port-Saint-Père. » (*Terrier de* 1678, vol. VIII, f° 222. Arch. dép., B.)

pas et se transmettaient par héritage ou par transaction.

J'imagine que tels devaient être les arrangements pris entre le duc de Bretagne et le seigneur de Vieillevigne le jour où il lui délégua le pouvoir judiciaire sur les vassaux qui voudraient exercer l'industrie de la pêche. On s'est mépris sur le sens du contrat passé avec l'abbaye de Buzay quand on y a vu l'origine des prétentions des seigneurs de Vieillevigne sur le Lac ; on n'a pas assez remarqué que les religieux devaient être simplement lotis comme les autres riverains d'un canton particulier ; le leur se nomme *le fief franc*, alors ils n'ont pu transmettre une juridiction universelle sur la totalité du bassin. Il n'est rien dit de cette restriction dans les termes de la donation, cependant on est forcé de l'admettre pour expliquer le fonctionnement de toutes les seigneuries rivales dispersées autour du Lac. Chaque inféodation a dû comprendre un droit de pêche et un droit de juridiction sur les délinquants, comme nous l'avons vu dans le cas de la seigneurie des Huguetières. Si mon interprétation est juste, je serais alors fondé à penser que la juridiction du seigneur de Vieillevigne embrassait le milieu du Lac, c'est-à-dire la région disponible, là où les riverains n'avaient plus de droits. (1)

(1) « *Buzeii insulam ubi abbatia sita est dominium et omnis generis piscaturam laci qui* grandis locus *vocatur*. Arch. dép., H., 19).

IV

Avis des Administrations modernes et des Jurisconsultes sur la question de domanialité

Etant donné l'état des archives qui nous sont parvenues sur la gestion des intendants du Lac, il nous est impossible de représenter ce domaine sous le régime féodal autrement que nous l'avons décrit. Le Code des lois françaises ayant été modifié, il en est résulté un mouvement d'opinion et des discussions sur la nature des concessions faites aux auteurs de M. le marquis de Juigné. Le jour où l'Etat fut saisi d'une demande de dessèchement du Lac, il fut mis en demeure de se prononcer sur la question de domanialité du Lac. Nous insérons ici, en abrégé l'avis de ses représentants, pour être complet dans notre historique.

Avis du Directeur des Domaines et de l'Enregistrement.

Après avoir examiné la situation géographique et rappelé les décisions ministérielles rendues en faveur de M. de Juigné, il énumère les opinions émises par les jurisconsultes en diverses occasions, les constatations faites à propos de la navigabilité du Lac et de celle de ses affluents, et s'étonne qu'il n'ait pas été frappé par l'ordonnance de 1669, c'est-à-dire classé dès cette époque parmi les cours d'eau navigables.

Dans ces conditions, l'incertitude paraît avoir été tranchée par la décision du Ministre des Finances du 7 février 1861 qui admet les prétentions de la famille de Juigné. La déclaration de navigabilité du lac n'anéantit pas les droits des tiers, l'Etat n'a donc pas d'autre ressource que de poursuivre l'expropriation s'il veut se charger de l'entretien. Mais il n'a pas d'intérêt à s'emparer de toute la surface, il n'a besoin que d'une zône pour relier les rivières à la Chenau.

Faut-il admettre avec les jurisconsultes que la question de propriété n'a pas été suffisamment étudiée en 1861 et qu'il y a lieu d'entamer un procès ?

Sur ce point, le Directeur des Domaines a peu de goût pour rouvrir une discussion qui lui semble close, il veut bien formuler son avis de la façon suivante :

Les titres produits ne confèrent aucun droit de propriété à M. de J. ; le Lac est dans le domaine public et personne ne pourrait l'en faire sortir sans un décret.

Ce lac est navigable depuis longtemps, mais on a omis de prouver qu'il l'a toujours été. Voilà la démonstration qui est à faire pour tirer les déductions rigoureuses qu'on attend. En observant l'état des lieux, on voit que ce lac dont on veut faire une chose privée, est alimenté par des rivières navigables, alors il est dans les conditions prévues par la jurisprudence.

« Lorsque les lacs sont formés par des rivières, leur » domanialité est incontestable. Indépendamment de ce » qu'ils sont des moyens de communication et de com» merce entre différentes parties d'un pays, ils conser» vent la nature de domanialité des eaux courantes. » (1)

» ***En résumé, la nature de l'immeuble, les lois et la*** » ***doctrine qui régissent la matière, l'insuffisance des titres*** » ***de la famille de Juigné, tout concourt à établir la doma-*** » ***nialité du lac de Grandlieu.*** » (2)

(1) Gaudry. *Traité du Domaine*, t. I, p. 400.
(2) *Rapport du Directeur dép*[al] *au Directeur général à Paris* du 20 mars 1886. (Arch. dép., S 4e sect., n° 98.)

Avis du Service de la Navigation

Le service de la navigation fut appelé d'une façon bien inattendue à donner son avis sur la question de domanialité du Lac. Au cours de l'année 1887, la commune de Saint-Lumine, qui possède sur le Lac deux petits ports à peu près envasés, ayant demandé à l'Etat de les remettre en bon état d'entretien et de contraindre MM. de Juigné à lui rendre accessible le chenal du Lac, les ingénieurs recherchèrent les précédents et s'aperçurent que les travaux exécutés dans le bassin du lac et de ses affluents étaient des entreprises particulières. Ils constatèrent que le caractére légal du Lac était en discussion, de plus, qu'aucun acte souverain ne l'avait classé dans la liste des cours d'eau navigables ; ils tirèrent cette conclusion que le service des Ponts et Chaussées n'avait pas à intervenir dans la réclamation.

L'occasion était favorable pour répondre aux contradicteurs et pour discuter les conditions auxquelles un cours d'eau doit satisfaire pour être légalement navigable et rangé dans le Domaine public.

M. l'ingénieur Meugy observe, en 1888, que sur le Lac la navigation est artificielle depuis 1713, elle varie suivant les saisons, en allégeant les chalands ou les gabarres, en se servant d'un certain chenal et en faisant jouer les écluses ; néanmoins elle existe d'une façon indéniable à l'état permanent. Cette situation n'ayant pas été constatée par un procès-verbal d'enquête, personne n'a pu solliciter un décret de classement du Lac parmi les cours d'eau navigables. Mais l'absence d'une déclaration de navigabilité, dit M. Meugy, n'est pas un obstacle à ce que le lac de Grandlieu soit déjà partie intégrante du domaine public.

Pour l'étier de Vue, il n'y a pas de doute, il est toujours cité comme le parcours inévitable des bateaux depuis un temps immémorial, il fait donc partie du domaine public. Mais pour le Lac la démonstration n'a pas été faite par les auteurs de la Consultation, et le Directeur des Domaines (1). Ils ont omis de lire le procès-verbal du sénéchal Brecel de 1534 et les aveux où il est question de ports à Saint-Lumine et à Saint-Philbert. Ils n'ont pas remarqué non plus que les dessécheurs se portent garants de la navigation depuis « Saint-Philbert jusqu'à la Loire » (2). Il faut déduire de là que le Lac doit être rangé dans le domaine public, dit l'ingénieur, puisqu'il était navigable sans artifices et portait bateau avant l'ordonnance des Eaux et Forêts et que la navigation n'a jamais cessé d'y exister depuis lors.

On ne peut pas soutenir non plus que le Lac étant le prolongement de rivières navigables et leur trait d'union avec la Chenau, acquiert par là un caractère officiel de navigabilité, car le raisonnement pêche par la base. Ni la Boulogne, ni l'Ognon ne sont des rivières classées parmi les cours d'eau navigables. Elles sont navigables en fait et non en droit (3).

Consultation juridique de six avocats

Les jurisconsultes n'ont pas examiné de près les textes et les arguments historiques, ils ont considéré l'état des lieux en litige de plus haut. Leurs arguments, empruntés au Code, sont les suivants :

Si les eaux du lac sont navigables, elles dépendent naturellement du Domaine public ; or, ce premier fait est indéniable, puisqu'il y a une nappe d'eau considérable alimentée par des rivières, au moyen de laquelle

(1) Voir *Enquête de* 1712 et *Aveu de Villeneuve de* 1577. (Arch. dép., série B.)

(2) Voir l'*Arrêt de* 1713. (Archives du Syndicat du Canal de Buzay.)

(3) Archives dép. Série S-$\frac{4}{96}$.

9 communes entrent en communication. Les ports dispersés çà et là servent aux besoins d'une batellerie active. C'est une situation constatée autant par les documents anciens que par les rapports des ingénieurs. Le Lac étant de fait le lit élargi de rivières navigables, n'a pu devenir une propriété privée, ses eaux sont par nature du domaine public et soumises à des formalités d'ordre public.

Les prétendus propriétaires n'ont aucun acte souverain à opposer à cette doctrine de l'ordonnance de 1669 sur les cours d'eau, et quand bien même ils apporteraient un acte d'inféodation, ils seraient déboutés par le code de la Révolution. D'après le droit moderne, il leur faut une loi ; or, ils ne sont nantis que d'arrêtés préfectoraux qui ne sont pas réguliers.

Leur reste-t-il du moins le droit de pêche ? Pas davantage. Ce droit est un démembrement du droit de propriété qui a été aboli comme tous les droits féodaux, il doit rester à l'Etat qui a la propriété des eaux du Lac. 31 octobre 1881. Ont signé : Waldeck-Rousseau père et fils, Bodin, Grivart, Genevois, Gautté (1).

Observations de la famille de Juigné

Après avoir pris connaissance des conclusions ci-dessus, les avocats de la famille de Juigné ont examiné de nouveau la situation et ont exposé le système de défense suivant : (2)

Il n'est pas juste d'assimiler aux cours d'eau navigables *un marais de 4 kilomètres* sillonné de quelques chenaux servant à une navigation tout à fait locale. Le Conseil d'Etat lui-même admet une distinction pour les lacs de faible profondeur, dont le fond se découvre

(1) Archives dép. Série $S\frac{4}{98}$. Imprimé.
(2) Communication de M. de Juigné.

sur une grande largeur périodiquement et où des particuliers exercent des actes de propriété.

La navigabilité du Lac n'est pas démontrée pour la période antérieure à 1669, elle n'est pas non plus proclamée, et d'ailleurs, si elle l'était, elle ne changerait rien à la situation des Juigné, puisque l'édit de 1683 admet les droits des particuliers qui ont des titres antérieurs à 1566. Ils ont produit des actes remontant à 1377.

La législation moderne fait du Lac un étang ordinaire, elle ne l'a pas porté sur la liste des cours d'eau reconnus navigables officiellement, l'Etat ne s'est pas chargé de son entretien. Avant 1579, il n'y avait pas de navigation possible, parce qu'elle était arrêtée par les obstacles, les pêcheries et les chaussées. On reconnaît bien que des travaux d'amélioration ont été tentés en 1572 et en 1713 pour établir une petite navigation précaire, mais il faut ajouter que ces ouvrages ont été laissés à la charge des riverains. (1) C'est le mode d'exécution et de paiement conforme à la loi de 1807 sur le desséchement des marais. Il faut croire que l'Etat a partagé cette manière de voir puisqu'il a classé l'Acheneau, en 1836, dans le tableau des cours d'eau navigables et a laissé de côté le Lac et ses affluents.

(1) L'argument ne porte pas, car sous l'ancien régime les routes elles-mêmes étaient à la charge des riverains, sans cesser d'être publiques.

Conclusions

Telles sont les dernières armes employées par la famille de Juigné pour combattre la thèse de la Domanialité. Pour ceux qui ont lu mes premiers chapitres attentivement, elles ne renversent pas nos arguments historiques et attestent qu'il n'était pas superflu de se livrer à un long examen des faits. Le Lac est un prolongement du Tenu qui est navigable et un affluent de la Loire capable de recevoir les marées si on se reporte aux époques anciennes. Les chaussées qui barraient l'Acheneau étaient submersibles et coupées par des passées qui laissaient courir le flot. C'est là un fait que les hydrographes ne nieront pas.

Comme les bateaux étaient petits, ils trouvaient toujours le moyen de passer, soit en attendant le flot, soit en s'allégeant (1). Les relations commerciales étaient si multiples entre ce bassin et la Loire, que la ville de Nantes, dès le XVe siècle, se préoccupait du niveau des eaux. Le Lac n'a perdu sa profondeur que le jour où la grève du Butay a été entamée ; auparavant, il ne ressemblait jamais à un étang et à un marais. Si l'Etat n'a pas reconnu sa navigabilité officiellement, c'est qu'il a été arrêté par les prétentions de la famille de Juigné et les soucis d'un procès au XIXe siècle.

Il est vrai que les rives de sa cuvette se transformaient parfois en prairies sur lesquelles des particuliers pouvaient faire acte de propriété, mais les ancêtres des de Juigné étaient exclus de ce profit, puisqu'ils ne pos-

(1) « Sur l'Erdre, les plus grands bateaux n'ont que 3 pieds de bord et ne prennent que 2 pieds 3 pouces d'eau. » (Mémoire de 1807. Arch. dép., $S\frac{4}{[illegible]}$).

sédaient qu'un domaine dans le périmètre du Lac. Leur seul revenu était un droit de pêche localisé dans un canton ou deux. Quand ils exercent une autorité plus étendue sur toute la surface du Lac, ils apparaissent comme des officiers en possession d'une charge publique et non comme propriétaires absolus d'un domaine privé. En l'absence de titres explicites, il n'y a pas d'interprétation plus satisfaisante du rôle joué par les anciens intendants du Lac de Grandlieu.

La conséquence de cette situation est celle-ci : les seigneurs étaient des administrateurs révocables. Leurs pouvoirs sont passés entre les mains de l'Etat, en 1790, par suite de la suppression de la Féodalité ; c'est à l'Etat qu'il appartient de décider comment et par qui seront gérés les intérêts de ce bassin dont le poisson alimente nos marchés et dont les prairies exercent une grande influence sur la prospérité agricole du pays.

Une première fois, il s'est prononcé lorsque la famille de Juigné a demandé la restitution de tous ses biens confisqués. Un arrêté du Conseil de Préfecture du 25 thermidor an XII a décidé qu'il y avait lieu de lui accorder mainlevée de séquestre, comme si la saisie avait été apposée sur le lac de Grandlieu, décision qui fut confirmée par le Ministre des Finances le 14 frimaire an XIII (1). Depuis cette époque, on a vu intervenir deux nouvelles décisions. Voici à quelle occasion : un sieur Baudœuf ayant contesté la validité des titres de la famille de Juigné, l'ingénieur Jégou fut chargé de faire un rapport et, le 19 janvier 1861, il déposa des conclusions desquelles il ressortait que le Lac était un domaine privé. L'autorité supérieure adopta son avis.

Le dépôt du rapport de l'ingénieur Meugy qui conclut à la domanialité du Lac de Grandlieu, provoqua un nouvel examen de la question à Paris ; cependant le Ministre des Finances, par une décision du 18 septembre 1888,

(1) *Demandes en restitution*. Leclerc de Juigné. (Q 639, Arch. dép.)

se refusa à exercer une action en revendication, attendu, dit-il, qu'elle ne pourrait avoir aucun avantage pour l'Etat, même en cas de succès devant les tribunaux (1).

Deux ans après, le syndicat des opposants essaya, par de nouvelles productions de pièces, de modifier l'attitude du Ministre ; il n'obtint qu'un nouveau refus consigné dans une dépêche du 16 juillet 1890.

(1) Archives du Département, série S, nos $\frac{4}{97}$.

Nantes. — Imp. A. DUGAS, 5, quai Cassard

EXTRAIT

DU

Bulletin de la Société Archéologique de Nantes
et du Département de la Loire-Inférieure

Du 2e SEMESTRE 1911

www.ingramcontent.com/pod-product-compliance
Ingram Content Group UK Ltd.
Pitfield, Milton Keynes, MK11 3LW, UK
UKHW031915260826
14628UKWH00003B/1199

9 782013 048699